Die 33 tollsten Ängste ...
... und wie man sie bekommt

»There is nothing to fear but fear itself.« *(Malcolm X)*

Dieses Buch ist meiner Mutter gewidmet.

1 2 3 4   15 14 13 12

© Carlsen GmbH, Hamburg 2012
Umschlaggestaltung: Olivia Dahlem
unter Verwendung eines Fotos von Sonja Gutschera und Leif Henrik Osthoff
Lektorat: Oliver Domzalski
Satz: Dörlemann Satz, Lemförde
Druck und Bindung: CPI – Ebner & Spiegel, Ulm
ISBN 978-3-551-68245-1
Printed in Germany

www.carlsenhumor.de

Lutz von Rosenberg Lipinsky

Die 33 tollsten Ängste ...
... und wie man sie bekommt

Inhalt

Vorwort

Selbstbewusst und fröhlich gehen wir durch die Welt. Warum eigentlich? Überheblich bedauern wir Menschen mit Phobien und Depressionen. Doch aus welchem Grund? Die Angst ist unser stärkstes Gefühl – wieso versuchen wir, es zu unterdrücken oder zu therapieren, anstatt es zu nutzen?

Angst erfüllt eine wesentliche Funktion: Sie hilft, unser Überleben zu sichern. Sie motiviert uns und hält uns wach. Seit jeher steht sie uns Menschen zur Seite, damit wir auf Bedrohungen reagieren können. Ihre Symptome sind: Schweißausbrüche, Herzrasen, Atemknappheit. Kurz: Angst ist wie Sex. Man kriegt sie nur leichter.

Es gibt zahllose fabelhafte Ängste: vor Spinnen, vor Frauen, vor Uniformen, vor Maulwürfen, ja sogar vor Mördern. Und das Tolle ist: Es gibt nicht nur eine Angst für jeden – man kann auch mehrere haben. Und sie dennoch mit anderen teilen!

Denn Angst bringt uns mit anderen zusammen, schließlich reden wir alle über sie. Dieses Buch hilft Ihnen dabei. Es zeigt Ihnen die wunderbarsten Ängste und wie Sie sie bekommen bzw. behalten können. »Keine Angst vor niemand« war gestern – heute heißt es: Furcht vor allem und jedem!

Halten Sie endlich mit, wenn alle Mitleid heischen. Machen auch Sie vor Gericht mildernde Umstände geltend. Lesen Sie dieses Buch – und auch Sie haben endlich für alles eine Ausrede! Kurz: Lernen Sie das Fürchten! Und fangen Sie rechtzeitig damit an. Für das Jahr 2012 ist das Ende der Welt prophezeit.

Zum besseren Verständnis:

Laut Gelehrtenmeinung entsteht Furcht im limbischen System. Dieser Ausdruck bezeichnet keine entfernte Galaxie, sondern verschiedene miteinander kooperierende Teile unseres Gehirns. Als Hauptsitz der Angst gilt die sogenannte »Amygdala«. Klingt wie eine Figur aus der griechischen Mythologie, sieht aber eher aus wie eine Kalbsniere. Der deutsche Begriff »Mandelkern« dagegen erinnert an eine Eissorte von Mövenpick. In diesem Areal unseres Gehirns jedenfalls wird eine Bedrohung wahrgenommen und daraufhin in einem komplexen Prozess der Körper in Alarmbereitschaft versetzt. Die Amygdala ist einer unserer »Hirnlappen«. Normalerweise macht man mit einem Feudel ja Dreck weg, dieser Lappen aber speichert ihn. Allerdings kann man ihn reinigen. Das wiederum nennt man Gehirnwäsche.

ANGST VOR HÖHE
(Akrophobie)

Höhenangst ist eine der genetisch fest verankerten Urängste des Menschen. Wir spüren sie, weil einer unserer Vorfahren sich irgendwo zu weit vor- oder hochgewagt und das Gleichgewicht verloren hat. Und die Angehörigen mussten feststellen: »Vati ist jetzt nicht mehr zu gebrauchen. Der liegt jetzt den Rest seines Lebens nur noch sinnlos in der Gegend rum.« Das kennt der eine oder andere Leser vielleicht auch vom häuslichen Wohnzimmer. Daraufhin haben dann die Kinder beschlossen, es nicht so zu machen wie Vati, sondern lieber Angst zu haben. Und das können Sie auch!

Das Wort »Höhenangst« ist zugegebenermaßen nicht sehr präzise. Es handelt sich ja eher um das Gegenteil, um die Befürchtung, irgendwo hinunterzufallen, also eher um eine Angst vor dem Aufprall. Der in aller Regel ja nicht in der Höhe stattfindet, sondern zu ebener Erde. Präziser wäre also der Ausdruck »Tiefen-« oder »Klatschangst«.

Die Höhenangst äußert sich oft schon auf Vorrat, also unten im Tal. Dann kommt man gar nicht erst hoch. Weswegen sich mancher weigert, den Mount Everest zu besteigen. Oder seine Schwägerin. In beiden Fällen erscheint dem Betreffenden das Risiko zu groß, also die sogenannte Fallhöhe.

Insbesondere Männer bemerken allerdings ihr Problem oft nicht vorher, sondern erst am Ende des Weges, wenn sie sich bereits oben befinden. Und dann schaffen sie es nicht wieder zurück. So entstand beispielsweise der Beruf des Leuchtturmwärters.

Es gibt zahlreiche Orte, an denen man Höhenangst erfahren kann, wie den »Skywalk« im Grand Canyon oder »Burdsch Chalifa«. Dabei handelt es sich nicht um eine exotische Wasserpfeife, sondern um den momentan höchsten Turm der Welt, welcher sich in Dubai befindet.

Wir empfehlen allerdings eine näher liegende Lokalität: Den Besuch der »La Sagrada Familia« in Barcelona. Diese Kathedrale liegt auf den ersten Blick etwas unvorteilhaft: in einer Senke, mitten im Verkehr, direkt neben Pizza Hut und anderen nachzivilisatorischen Einrichtungen. Sie zählt zu den in Barcelona zahlreich vorhandenen Gaudi-Bauwerken.

Gaudi ist hier keineswegs mundartlich zu verstehen; es gibt keinen Zusammenhang mit Bayern oder dem Oktoberfest. Die Rede ist von Antoni Gaudi, einem der unstrittig begnadetsten Architekten aller Zeiten. Seine Ideen sind oft atemberaubend und eigenwillig. Beispielsweise verfügt La Sagrada Familia über eine sogenannte »neukatalanische Fassade«. Auffallend ist dabei die sehr ungewöhnliche Form- und Farbwahl. Es handelt sich um eine spanische Spielart des Jugendstils, bekannt als »expressionistischer Symbolismus«. Für alle Banausen: Barcelona sieht stellenweise aus wie Schlumpfhausen. Die Türme der Kathedrale erinnern an Tropfsteine, »La Sagrada Familia« insgesamt wirkt wie eine auf links gedrehte Nasennebenhöhle. Anders formuliert: Gaudi-Türme sind sehr organisch, eine Mischung aus Stalagmit und Popel.

Die Türme dieser Kathedrale sind 115 Meter hoch. Theoretisch kann man von dort das Meer sehen. Das schafft nur keiner, weil man dort oben anderweitig beschäftigt ist. Aber dazu später.

Das Besondere an den beiden Türmen ist, dass sie sich nach oben verjüngen, also spitz zulaufen. Beim Weg hinauf wird die Treppe enger und enger, die Fenster kommen näher. Wobei »Fenster« die Sache nicht trifft, es handelt sich eher um Scharten. Schön hochkant, damit man auch durchpasst. Dazu weht ständig ein heftiger Wind: Gott bläst auf diesem Turm wie auf einer Flöte. Und die Menschen im Innern sind die Finger, die die Löcher verdecken oder auch nicht.

Besonders bemerkenswert ist der Moment, in dem das Gefühl der Beklemmung derart unangenehm wird, dass man unbedingt umkehren will. Und dann feststellen muss: Das geht nicht. Das ist zu eng. Und hinter dir sind jetzt auch schon Dutzende von Leuten, die sich ebenfalls nicht mehr umdrehen können. Erst in diesem Augenblick wird dir bewusst, dass dir die ganze Zeit überhaupt keiner entgegengekommen ist. Das ist eine in dem Moment sehr bedrückende Erkenntnis: Es gibt offenbar nur einen Rauf- und einen Runter-Turm. Das hätte man gerne vorher gewusst. Jetzt aber heißt es: Weitergehen. Und das wiederum heißt dummerweise: Höher gehen! Das nennt der Fachmann Konfrontationstherapie.

Faszinierenderweise holt das Gehirn ausgerechnet in diesem Moment alles hervor, was man im Reiseführer gelesen hatte und normalerweise nie hätte wiedergeben können. Plötzlich fällt dir wieder ein, dass es für diese Kathedrale nie einen definitiven Bauplan gab. Gaudi habe viel improvisiert, hieß es dort. Er war eine Art architektonischer Freejazzer und kam nie so recht zum Punkt. Der Bau wurde 1882 begonnen und blieb unvollendet – bis heute!

Es ist das klassische Angstszenario, das das Gehirn jetzt durchspielt: Was wäre, wenn? Was wäre, wenn der Turm, den wir gerade hinaufsteigen, der Teil ist, der noch nicht fertig ist? Oder was ist, wenn es gar keinen Runter-Turm gibt? Dann kommst du oben an und trittst ins Leere, stürzt ab – und landest im Pizza Hut, als Cheesy Crust Tourist.

Im Nachhinein allerdings wünscht man sich fast, es wäre so gekommen. Denn die Wirklichkeit ist schlimmer. Wenn man sich nämlich den Turm hinaufgequält hat, darf man feststellen: Es gibt zwar einen Runter-Turm. Zu dem führt aber nur ein quasi geländerloser, knapp zwei Meter breiter Steg. Man muss nicht betonen, dass die Fallböen zwischen zwei solchen bleistiftspitz zulaufenden Türmen phänomenal sind, insbesondere in einer Senke, gerade in einer Stadt, die am Meer liegt und nicht umsonst einen riesengroßen Segelhafen ihr Eigen nennt. Da fühlt man sich in 115 Metern Höhe wie im Ausguck der »Gorch Fock«.

Die meisten Besucher robben daher bleich und auf den Knien von einer Seite des Übergangs zur anderen. Und klammern sich dabei aneinander fest. So muss die auf Fußballplätzen inzwischen legendäre »Raupe« entstanden sein – die Mannschaft, die sie erfand, hatte zuviel Zeit zum Sightseeing beim Auswärtsspiel in Barcelona (von dem man ja ohnehin meist traumatisiert zurückkehrt).

In einem der Reiseführer stand, genau dies sei Gaudis Intention gewesen: die Menschen mit diesem sadistischen Architekturkonzept zur Demut zu zwingen. Von dieser Besteigung sei bisher jeder in tiefer innerer Einkehr zurückgekommen. Das ist plausibel: Wahrscheinlich nennt man die beiden deshalb auch die Passionstürme. Das Prinzip ist dasselbe wie beim Free Jazz: Da dauern die Soli bekanntlich auch so lange, bis das Publikum weint. Besuchen also auch Sie unbedingt Barcelona! Andernorts gibt es vielleicht auch Gelegenheit, sich selbst zu gefährden. Aber niemals so schön! Und so effektiv: Als Hauptsymptom der Höhenangst stellt sich ja ausgerechnet Schwindelgefühl ein – eine physische Reaktion, die ihrerseits wiederum die Absturzwahrscheinlichkeit deutlich erhöht. Aber man stirbt in atemberaubender Umgebung. Daher empfehlen wir Ihnen: Genießen Sie die Reise. Oder, wie der Esoteriker sagt: »Lassen Sie sich einfach fallen!«

Häufige Opfer	Berühmte Fälle	Größte Feinde	Fortbildung	Verwandte Ängste
• Bergsteiger • Leuchtturmwärter • Matrosen • Küster • Baumkatzen	• Johann Wolfgang von Goethe • Roger Moore • Tobey Maguire • Bayer Leverkusen	• Fernglas • Bungalow • Bergwerk • Drogen	• »Vertigo« *(Alfred Hitchcock)* • »I want to take you higher« *(Sly & The Family Stone)*	• Angst vor hohen Gebäuden • Angst vor dem Blick in die Tiefe • Angst vor hohen Geschwindigkeiten • Angst vor Knallgeräuschen

ANGST VOR DER DUNKELHEIT
(Obskurophobie)

Angst hat viele Vorzüge. Einer davon ist, dass man sie nicht zwingend selbst haben muss, um davon zu profitieren, sondern bei anderen gezielt erzeugen und für die Durchsetzung des eigenen Willens nutzen kann. Mit dem Mittel der Furcht kann man ja herrlich Druck aufbauen. Viele Paare z.B. sind nur noch zusammen, weil einer der Partner Angst davor hat, verlassen zu werden. Oder sogar beide! Manche Diktatur herrscht nur, weil die Bevölkerung sich davor fürchtet, sich nach einer Revolution selbst eine Meinung bilden zu müssen. Und mancher kündigt nur deshalb seinen Scheißjob nicht, weil es zuhause noch viel schlimmer ist. Ängste halten die Welt zusammen!

Schreckensszenarien jeder Art gehören daher auch zur modernen Unterhaltungskultur. Eine besonders gelungene und gern verwendete Schockformulierung ist: »Sonst gehen hier die Lichter aus!« Damit wird zum Beispiel begründet, dass die Tochter heute Abend keinesfalls ins Kino gehen darf, die betriebsbedingten Kündigungen unvermeidbar sind oder der Bau dieses Kohlekraftwerks alternativlos sei. Manchmal müsste allerdings auch einfach nur die Stromrechnung bezahlt werden.

Die genannte Warnung erreicht ihre Adressaten jedenfalls recht zuverlässig: Schließlich fürchten wir uns alle vor der Dunkelheit. Die Entdeckung des Feuers und damit diejenige der Nachtsicht gilt bis heute als *das* kulturelle Urerlebnis der Menschheit schlechthin. Elektrisches Licht hat uns dann endgültig unabhängig gemacht von bäuerlichen Lebensrhythmen, die dem Lauf von Tag und Nacht, Saat und Ernte, Frost und Hitze folgten. Stattdessen können wir tagsüber schlafen und nachts arbeiten. Wir können helle Räume abdunkeln, um den Beamer besser zur Geltung zu bringen, oder abends Musiker und Kirchtürme während der Ausübung ihrer Tätigkeit anstrahlen. Trotz Dunkelheit können wir im Bett lesen oder mit dem Wagen durch die Gegend fahren. Und wir können mit Flutlichtmasten hässliche Fabrikgebäude, stillgelegte Bahnanlagen oder nichtswürdige Drittligaspiele auch in der Nacht in allen Details aufs Vortrefflichste zur Geltung bringen. Das ist wahre Freiheit!

Durch künstliches Licht wird – als angenehmer Nebeneffekt – auch der Verbrecher ferngehalten, der bekanntlich nur im Dunkeln agiert. In deutschen Vorgärten sind aus diesem Grunde in den neunziger Jahren des letzten Jahrhunderts flächendeckend Bewegungsmelder installiert worden: Da erschrickt der Einbrecher natürlich, wenn die Gartenbeleuchtung anspringt, und sucht entsetzt das Weite. Denn das sogenannte »lichtscheue Gesindel« fürchtet die Helligkeit. Deshalb bleiben gut beleuchtete Gebäude ja stets von Einbrüchen verschont.

Der normale und gesetzestreue Bürger fürchtet sich, wenn er nichts sehen kann. Der Körper schärft alle anderen Sinne umso mehr und sorgt für erhöhte Wachsamkeit. Die Phantasie wird angeregt und richtet sich in aller Regel nicht auf positive Erfahrungen im Dunkeln, erinnert sich also beispielsweise nicht an die erste Begegnung mit dem aktuellen Partner. Im Gegenteil: Wenn wir nichts sehen können, malen wir uns das Schlimmste aus. (Was für den einen oder anderen natürlich wiederum die Begegnung mit der eigenen Partnerin sein kann. In der Tat eine entsetzliche Vorstellung: Man hat gerade den vielleicht schönsten Sex seines Lebens – und dann kommt plötzlich die Alte rein, macht das Licht an und hört den schönen Satz: »Es ist nicht das, wonach es aussieht!«)

Die Frage ist, ob sie ihren Augen traut. Wir Menschen glauben interessanterweise, ein optischer Eindruck könne niemals täuschen. Wenn das Auge aber wegen Dunkelheit nicht ordentlich mitarbeiten kann, sind wir auf unsere Phantasie angewiesen. Und auf deren Interpretation insbesondere akustischer Eindrücke. Da ist natürlich vieles möglich: Hinter einem Knacken im Garten kann ein sich anschleichendes Raubtier stecken, aber es kann sich auch um das Zähneknirschen eines verirrten Orientierungsläufers handeln. Vielleicht ist es auch der Beginn eines tiefen Erdrisses als Resultat der Kontinentalverschiebung. Womöglich aber ist es auch einfach nur ein Knacken. Wir wissen es nicht. Weil wir es nicht sehen können.

Wir trauen unseren Augen mehr als unseren Ohren. Wahrscheinlich verspüren wir deshalb diesen Drang zur dauerhaften Illumination. Wollen wir eine Art Leuchtfeuer oder Lichtschild bilden, um zu verhindern, dass Meteoriten oder andere Planeten mit unserem kollidieren – einfach nur, weil sie ihn nicht gesehen haben? Durch unseren immensen Energieverbrauch jedenfalls entstehen auf wundersame Weise neue Gefahren, wie z. B. atomarer Fallout. Davor kann man sich auch im Hellen fürchten. In unserem krampfhaften Bemühen, alles zu sehen, nutzen wir eine Technologie, die uns alle erblinden lassen kann.

Häufige Opfer	Berühmte Fälle	Größte Feinde	Fortbildung	Verwandte Ängste
• DJs • Fernfahrer • Pfarrer • Ministranten • Schauspieler	• Hannelore Kohl • Robbie Williams • Keanu Reeves	• Taschenlampe • Passstraßen, Brücken und andere tunnelvermeidende Bauwerke • Die Grünen • Drogen	• »Jennifer Eight« *(Bruce Robinson)* • »Dark ist the night for all« *(a-ha)* • »Grau« *(Jasper Fforde)*	• Angst vor Schlaf • Angst vor der Nacht • Angst vor Frauen • Angst davor, eine Erektion zu sehen, daran zu denken oder eine zu haben

ANGST VOR ARBEIT
(Ergophobie)

Die alten Römer hatten es eigentlich begriffen: Ihr Wort für Arbeit war *negotium*, also die Negation von *otium* = Ruhe. Arbeit ist also Ruhestörung – mehr nicht.

Denen, die sich ein römisches Schläfchen um die Mittagszeit nicht leisten können, dient Arbeit dem schnöden Broterwerb. In Deutschland allerdings wird sie oft überhöht als die zentrale Kommunikationsform des einzelnen mit der menschlichen Gemeinschaft. Teil der Gesellschaft ist man bei uns nicht durch Sprache, Bildung, Aussehen, Sozialverhalten, die Teilnahme am Vereinsleben oder den Besuch des lokalen Volksfestes, sondern nur durch seinen Job. Hat man keinen, gilt man als Parasit: Die Existenz des Nichtarbeitenden wird nicht nur als sinnlos, sondern sogar als schädlich für das Gemeinwohl angesehen. Wer aber will als lebende Zecke gelten?

Die Angst vor Arbeit wird also insbesondere in Deutschland bedauerlicherweise tabuisiert. Daher kann, wer Arbeit meidet und als Begründung dafür eine Ergophobie anführt, sicher sein, dass er auffällt und überall ungeteilte Aufmerksamkeit erfahren wird – bei gutem Verlauf bis hin zum Ordnungsamt.

In unserem fast religiös zu nennenden Kult der Erwerbstätigkeit gilt Ergophobie als Akt der Blasphemie. Und die Agentur für Arbeit führt die Exorzismen durch. Im Umkehrschluss kann man mit Arbeitsplätzen die schlimmsten Baumaßnahmen und die sinnlosesten Subventionen begründen.

Selbst wenn es aber sein in der Verfassung verankertes Grund-recht wäre: Der Ergophobiker würde nicht arbeiten. Denn er ist nicht faul, wie ihm immer unterstellt wird – er hat Panik. Er fürchtet die borniert Regelmäßigkeit im Tagesablauf, die mate-rielle Abhängigkeit, die leistungsorientierte Ergebnisfixierung und das Mobbing der Kollegen.

Angst vor Arbeit kann schon im Kindesalter einsetzen, der allmorgend-liche Widerwille vor dem Schulbesuch ist der ultimative Vorbote für spä-tere Ergophobie. Hier weigert sich das Kind, auf Kommando (Mutter) und/oder mittels Gewalteinwirkung durch Fremdkörper (Vater, Wecker) eine Leistung erbringen zu müssen, deren Sinn sich ihm nicht erschließt. Genauso wenig, wie der Schüler weiß, wozu er das Erlernte später brau-chen soll, so wenig weiß auch der Erwachsene, wer wann wieso von sei-ner Arbeit profitiert.

Eltern können hier bereits früh den Samen für spätere Ergophobie legen – indem Sie beispielsweise ihren Kindern den Schlaf gönnen und sie so lange liegen lassen, wie diese es wollen. Man nennt das »zur Selbstständigkeit er-ziehen«. Zudem sollte eine Unterstützung der Kinder bei den Hausaufgaben unterbleiben. Arbeit muss wirken als etwas, das sich nicht aneignen lässt; als etwas, das alle anderen können, nur man selber nicht.

Bewährt hat es sich, den Kindern unwidersprochen zu ermöglichen, ihre Zimmer über Wochen in ein heilloses Chaos zu verwandeln. Um sie dann aus nichtigem Anlass in Grund und Boden zu schreien und ihre Bude auf-räumen zu lassen, wenn es draußen am schönsten ist. Mai/Juni ist dafür eine ideale Jahreszeit. Weder darf man den Kindern allerdings beim Schaf-fen von Ordnung helfen, noch sie bei der Strukturierung ihres Eigentums

Die Ergophobie ist eine vernünftige Angst; und sie lässt sich trainieren. Ziel des Trainings muss es sein, dass am Ende jede vorstellbare Art von Arbeit als Überforderung erscheint. Den Zuckertopf nach Benutzung wieder an seinen Platz zurückzustellen, muss Ihnen zuviel sein. Das wird für unterhaltsame Spannungen in Ihrem sozialen Umfeld sorgen, da alle anderen Ihretwegen immer nach dem süßen Pulver suchen müssen. Bleiben Sie jetzt konsequent: Laden Sie niemals irgendwelche Akkus wieder auf! Besser: Nehmen Sie nur Batterien! Und sorgen Sie dafür, dass nie Ersatz da ist. Dasselbe gilt beim Toilettenpapier: Lassen Sie in diesem Falle auch die letzte leere Rolle verschwinden, damit die anderen nicht merken, dass der Nachschub ausgegangen ist, bevor sie selbst unwiderruflich auf der Schüssel Platz genommen haben. Halten Sie nie jemandem die Tür auf, sondern warten Sie, dass es jemand für Sie tut. Das fristgerechte Beantworten eines behördlichen Schreibens ist undenkbar für Sie. Am besten öffnen Sie die Post einfach nicht, sondern legen alle Schreiben unbeachtet in den Altglascontainer. Früher oder später werden Sie Besuch bekommen. Und irgendwann umziehen müssen. Und die Polizei höchstpersönlich sorgt dafür, dass jemand anderes Ihre Möbel rausträgt.

Wenn Sie jeder Art von Arbeit derart konsequent aus dem Weg gehen, steht Ihrer gänzlichen Desozialisierung bald nichts mehr im Weg. Da die meisten Menschen heute außerhalb der Firma kaum noch Kontakte besitzen, werden Sie bald allein sein. Hier tun sich fantastische neue Möglichkeiten auf: Depression – Verlassenwerden – einsamer Tod.

Häufige Opfer	Berühmte Fälle	Größte Feinde	Fortbildung	Verwandte Ängste
• Fußballer • Schmuck-designe-rinnen • Lehrer • Studenten • Millionärs-gattinnen	• Donald Duck • Florida-Rolf • Diogenes • Oblomow • Karl-Theodor Maria Nikolaus Johann Jakob Philipp Franz Joseph Sylvester Freiherr von und zu Guttenberg	• Arbeitsamt • Kontoauszug • Drogen	• »Zwei Jahre Ferien« *(Jules Verne)* • »The Worker« *(Fischer Z)*	• Angst vor der Schule • Angst vor dem Aufstehen • Angst vor dem Versagen

ANGST VOR SCHLANGEN
(Dracophobie)

Seit der Mensch den aufrechten Gang entwickelt hat, ist eine Schlange für ihn nicht mehr sonderlich gut zu erkennen. Weil sie sich in alle Regel am Boden befindet und zudem gerne tarnt. Die Unüberschaubarkeit insbesondere von unwegsamem Gelände lässt Kriechtiere generell bedrohlich erscheinen – unabhängig davon, ob sie einem wirklich schaden können oder nicht. Wir wissen einfach nicht, was sie tun. Und das mögen wir nicht. Der Mensch sieht gern, was vorgeht. Daher hat er ja auch bereits den Gattungsbegriff »Planet« beim Wort genommen und die Erde zu großen Teilen planiert. Und das elektrische Licht erfunden *(siehe: Angst vor Dunkelheit)*.

Die meisten Schlangen, insbesondere in unseren Breitengraden, sind für den Menschen nicht gefährlich. Wenn es allerdings in anderen Regionen dieser Welt zu einem Konflikt kommt, wird es unerfreulich, denn dort arbeiten sie mit Hängen und Würgen, manchmal auch mit Giften – alles keine wirklich angenehmen Todesarten. Schließlich bewegt sich eine Schlange kaum, langsam oder gar nicht. Der Schlange aber deswegen zu unterstellen, sie hätte eine sadistische Veranlagung, führt zu weit. Hier sind Vorurteile im Spiel, die religiösen Ursprungs sind.

Denn die Schlange war es bekanntlich, die den Menschen dazu verführte, gegen Gottes Gebote zu verstoßen. Wir wurden zur Strafe dafür aus dem Paradies vertrieben und sie muss nun durch den Staub kriechen – vorher hatte sie vermutlich Beine (was auch kein sympathischer Gedanke ist) oder konnte sich aufrichten (*verwandt mit: Angst davor, eine Erektion zu sehen, daran zu denken oder eine zu haben*). Die Schlange gilt seit dem Sündenfall als »falsch«, dabei ist unser Erkenntnisgewinn ausschließlich ihr zu verdanken. Adam und Eva wären vermutlich ewig nackt und naiv an diesem Apfelbaum vorbeiflaniert. Aber wenn Gott die Schlange zum Feind hat – warum sollten wir uns mit ihr anfreunden? Immerhin ist sie bekanntlich Lord Voldemorts Haustier!

Seit der Aufklärung ist der Mensch allerdings, besonders im zivilisierten Mitteleuropa, darum bemüht, die jahrhundertelange Reptilien-Diskriminierung zu beenden – und zur Wiedergutmachung selbst Schlangen zu bilden. Diese lösen aber ebenfalls extreme Angstreaktionen aus. Viele müssen daher schon würgen, wenn sie im Radio die Worte »Westhofener Kreuz« und »Bitte umfahren Sie den Bereich nach Möglichkeit weiträumig« nur hören, oder sie spucken Gift und Galle, wenn jemand in ihrer Gegenwart den Elbtunnel erwähnt. Andere müssen befürchten, trotz der Übernachtung im Schlafsack vor dem Apple Store keines der neuen iPhones mehr zu ergattern. Wo der Mensch sich selbst zur Kriechkreatur macht, entwickeln sich ganz neue Ängste und Nöte.

Meist gewinnt der Mensch, der Bestandteil einer Schlange ist, die Erkenntnis, dass sich eine Menge Leute zur falschen Zeit am falschen Ort befinden. Er selbst natürlich nicht. So amüsierten sich die Bewohner der BRD jahrzehntelang prächtig darüber, dass die armen Opfer des ostdeutschen Kommunismus immer überall anstehen mussten, um dann, vorne angekommen, feststellen zu müssen, dass die Ware ausgegangen oder gar nicht vorhanden gewesen war. Welch ein »Hallo!« nach der Wiedervereinigung, als sie entdecken durften, dass derselbe Witz auf der anderen Seite des Todesstreifens auch erzählt wurde.

Häufige Opfer	Berühmte Fälle	Größte Feinde	Fortbildung	Verwandte Ängste
• Ostdeutsche • Rentner • Kaninchen	• Indiana Jones • Salma Hayek	• Teer • Schnee • Deutsche Bahn • Überfluss • Drogen	• Verkehrs-nachrichten • »Das verlorene Paradies« *(John Milton)* • »Boa vs. Python« *(David Flores)*	• Angst vor Maulwürfen • Angst davor, eine Erektion zu sehen, daran zu denken oder eine zu haben • Angst vor Gott

ANGST VOR MÄNNERN
(Androphobie)

Frauen fürchten sich vor Männern, überall und immer. Davor, dass sie vergewaltigen, schlagen, grölen oder kochen. Im letzten Lebensdrittel allerdings drehen sie den Spieß um *(siehe: Angst vor dem Altern)* und lehren die Männer das Fürchten.

Die Angst vor dem Mann ist oftmals unbegründet, wie so viele Bedrohungsgefühle hält sie einer rationalen Betrachtung nicht stand. Von klein auf gelten Jungs völlig zu Unrecht als furchterregend, als gewalttätig und aggressiv. Ihre Mütter und ihre Kindergärtnerinnen interpretieren jedenfalls den Bewegungsdrang der maskulinen Kleinkinder als Form von Gewalt und befürchten, zum Opfer dieser brutalen Vierjährigen zu werden. Dementsprechend wird pädagogisch falsch darauf reagiert: Anstatt die Buben bis zur Erschöpfung im Kreis ums Haus laufen zu lassen, zwingt man sie dazu, im Kuschelraum zu sitzen und beim Vorlesen von Geschichten über die Hopi-Indianer und deren vegetarischen Pazifismus zuzuhören. Das empfinden Jungs jedoch als Unterdrückung ihrer – zunächst gegen nichts und niemanden gerichteten – Motorik. Wird diese ihre Vitalität aber nicht besser kanalisiert, bricht sie dann eines Tages unkontrolliert aus und äußert sich nicht selten tatsächlich in Gewalt. Die Erzieherinnen haben recht behalten. Das nennt man »Self-Fulfilling Pedagogy«.

Männliche Gewalt richtet sich statistisch gesehen zumeist nicht gegen Frauen, sondern gegen Gegenstände, wie Bushaltestellen oder Bayern-Fans. Diese erschrecken sich nur nicht so schön. Und arbeiten nicht im Kindergarten. Wie viele sanfte, sensible Hermann-Hesse-Leser wir aber hervorbrächten, wie viel Sachschäden auch an öffentlichem Eigentum vermieden werden könnte, wenn das Erziehungspersonal in Kindergärten und Grundschulen a) besser qualifiziert und b) männlicher wäre, ist noch nicht erforscht.

Ebenso wie vor der körperlichen Überlegenheit des Mannes fürchten sich Frauen vor seiner Unberechenbarkeit und seinem Starrsinn. Hat er sich einmal etwas vorgenommen, wird er es tun, so sinnlos es auch ist. Das Leben eines Mannes ist eine Mission. Selbst, wenn er nicht mehr genau weiß, worum und wohin es geht: Er zieht es durch. Insbesondere Ehefrauen und Mütter können davon ein Lied singen: Kein Mann bringt aus dem Supermarkt mit, wozu er geschickt wurde. Aber er hat den Einkauf in Rekordzeit erledigt und ist auch noch stolz darauf, weil er glaubt, das wäre das Ziel gewesen. Oder er verschwindet grußlos für Monate im Bastelkeller, kehrt dann feierlich zurück, hat aber trotz der vielen aufgewendeten Zeit nur die Hälfte der Baumhausteile fertig zugesägt. Diese stellt er dann über den Winter in den Garten und lässt sie dort verrotten, um im nächsten Sommer von vorne zu beginnen. Auch weigert sich der Mann auf Reisen grundsätzlich, Landkarten oder Stadtpläne zu benutzen, besteht aber auf seinem Platz am Lenkrad *(siehe: Angst vor dem Beifahrersitz)*. Er zieht es vor, mitsamt seiner gesamten Familie am Rande der vermeintlichen Abkürzung eines jämmerlichen Hungertodes zu sterben, bevor er sich die Blöße gibt, jemanden um Hilfe zu bitten. Und damit die eigene Inkompetenz zu zeigen.

Aber auch die alleinstehende Frau kann sich vor Männern fürchten – und vor dem höheren Auftrag, in dem diese unterwegs sind. Dazu muss sie nur einen Handwerker bestellen. Liebe Leserinnen: Es ist erniedrigend genug, dass Sie die Leitung oder das Gerät nicht selbst reparieren können. Weitaus schlimmer aber ist es, noch nicht einmal zu verstehen, wovon der mit dreistündiger Verspätung eingetroffene Mann im Kittel dann da redet. Und ohnmächtig dabei zusehen zu müssen, wie dieser angeblich gelernte Tischler, Schlosser oder Klempner Ihre vier Wände in Schutt und Asche legt. Vor allem, da diese Herren das noch nicht einmal gründlich tun, sondern zumeist nur teilweise. Um noch mindestens zweimal wiederkommen und erneut Unsummen für weitere Anfahrten in Rechnung stellen zu können. Der eigentliche Sinn der Sache ist aber, liebe Leserinnen, dass Sie dadurch Zeit gewinnen, um sich die weiteren Schritte männlicher Destruktion bis zum nächsten Besuch des Handwerkers im Detail ausmalen zu können.

Das gleiche Prinzip gilt beim Autokauf: Hier wird keine Frau vom Händler auch nur ansatzweise ernst genommen, sondern nur auf perfide Weise erniedrigt. Zunächst wird ihr natürlich absolute Inkompetenz unterstellt. Dann versucht man, ihr die allerletzte Schrottkarre überteuert anzudrehen. Wenn sie mit diesem röchelnden stinkenden Metallsarg – natürlich!! – nach zwei Tagen schon wiederkommt, wird das als Bestätigung dafür interpretiert, dass Frauen nichts von Autos verstehen und diese innerhalb von Stunden zerstören. Zum anderen wird latent vermittelt, dass sie sich das selber zuzuschreiben hat, weil sie als Frau zwar Autohaus und Werkstatt betreten darf, aber gefälligst einen Mann mitbringen sollte – im eigenen Interesse. Wenn sie das nicht tut, hat sie offenbar keinen. Dann muss sie wohl lesbisch sein, hässlich oder eine nervensägende Schreckschraube. Oder alles zusammen. In jedem Falle hat sie keinen richtigen Wagen verdient.

Vor dieser grundlos herrischen Art, in der Männer sich die Welt untertan machen, kann man sich in der Tat fürchten. Was nicht passt, wird passend gemacht – oder zumindest wird es versucht. Da das in den seltensten Fällen gelingt, verliert man allerdings seinen Respekt ziemlich schnell, je mehr man mit Männern zu tun hat. Von weitem wirken Männer weitaus bedrohlicher. Daher empfehlen wir Ihnen: Halten Sie sich von uns fern, liebe Frauen!

Häufige Opfer	Berühmte Fälle	Größte Feinde	Fortbildung	Verwandte Ängste
• Frauen • Kinder • Sensible Buchautoren • Getretene Hunde	• Yoko Ono • Alice Schwarzer • Schnee-wittchen	• George Clooney • Ehe • Elton John • Schere • Drogen	• »Fight Club« *(David Fincher)* • »It's a man's world« *(James Brown)* • Blaubart	• Angst vor Hunden • Angst vor Gewalt • Angst vor Gott • Angst vor Computern • Angst vor Versagern

ANGST VOR FRAUEN
(Gynophobie)

Männer fürchten sich vor Frauen. Das würde aber nie einer zugeben. Erstens hielte er das für eine Niederlage, zweitens hätte er diese gegen einen seiner Meinung nach Schwächeren erlitten und drittens handelte es sich bei einer solchen Äußerung um die Artikulation eines Gefühls. Niederlagen sind für einen Mann inakzeptabel, Schwäche ist verachtungswürdig – das Auftreten von Emotionen aber befremdet ihn wie ein Stanley-Kubrick-Film: Anschließend ist er völlig verwirrt und fragt sich, was das denn jetzt gewesen sein soll. Wenn ein Mann Gefühle zeigen soll, deutet er auf eine Frau. Und geht schnell was trinken.

Maßnahmen dieser Art (Besäufnis, Partnerwechsel, Mal-wieder-den-Wagen-Ausfahren (= in 3 $^1/_2$ Stunden von Hamburg nach München) ergreifen Männer gern, um sich nicht selbst hinterfragen zu müssen. Das ist wichtig. Denn Männer glauben an ihre Überlegenheit allem und jedem gegenüber *(siehe: Angst vor Männern)*. Sie meinen, sie könnten den Planeten regieren. Und fürchten sich zugleich vor dem Gegenbeweis. Sprich, vor allem, was sich ihrer Kontrolle entzieht. Dazu gehören selbstverständlich auch Frauen, die sich bekanntlich noch nicht einmal selbst kontrollieren können.

Angst macht uns Männern vor allem die ewige Unzufriedenheit der Frauen, die wir als Kritik an unserem Leistungsvermögen auffassen. Außerdem mündet diese Unzufriedenheit in einen permanenten Veränderungswillen (Renovieren, Umräumen, Umzug, Paartherapie, Trennung), der den Mann generell überfordert. Er möchte bekanntlich einfach nur hier sitzen.

> *Das Prinzip Mann lautet: Simplifikation. Das Prinzip Frau lautet: Komplikation. Hierin liegen auch die Ängste begründet: Eine Frau ängstigt die Vorstellung einer Entscheidungssituation – was an sich nicht verwerflich ist. Ein Mann dagegen wird immer jeden Sachverhalt und jede Beziehung vereinfachen, um handlungsfähig zu sein – ebenfalls eine an sich nicht ungünstige Eigenschaft. Schwierig wird es erst, wenn beide aufeinandertreffen (was in handelsüblichen Partnerschaften, aber auch in arbeitsteiligen Gesellschaften nicht auszuschließen ist): Dann will er stets die Lösung, sie das Problem.*
>
> *Denn eine Frau muss sich nicht entscheiden, sie genießt vielmehr die Gleichzeitigkeit Dutzender Optionen. Feministen sprechen dann davon, dass Frauen so eine »unglaubliche Präsenz« besäßen, sie lebten ganz im »Hier und Jetzt«. Einem normalen Mann macht das Angst: Für ihn bedeutet dieses Verharren nichts anderes als Ohnmacht. Stillstand ist für ihn Tod. Er will weiterkommen, klären, lösen.*

Angst macht dem Mann auch die überlegene Feinmotorik, mit der Frauen beispielsweise Garn einfädeln können, ohne sich beide Augen auszustechen. Ebenfalls beängstigend ist ihre Sensibilität. So etwas kennt er nicht nur nicht, sondern er muss auch immer wieder feststellen, dass Frauen aufgrund dieser Eigenschaft wesentlich besser imstande sind, andere zu manipulieren. Aus demselben Grund schreckt ihn auch ihre Attraktivität. Anlass zu den schlimmsten Befürchtungen gibt einem Mann zudem die Teilnahme von Frauen am Straßenverkehr, ihre Anwesenheit im Fußballstadion und ihre Tätigkeit bei Polizei und Armee. Außerdem muss er sich sorgen, dass sie ausgerechnet während der Sportschau das Wohnzimmer saugt, in den Sommerferien ihre Mutter einlädt oder ihm den Sex verweigert. Erschreckend ist ferner die Vorstellung dessen, was sie ihm antun kann, wenn von ihm aufgrund seines körperlichen Verfalls keine Gefahr mehr ausgeht *(siehe: Angst vor dem Altern)*. Mit den klar zugunsten des weiblichen Geschlechts veränderten, sexistischen Regeln der Konsumgesellschaft kommt der Mann schon lange nicht mehr klar: In Panik versetzt ihn bereits ein Supermarktregal mit Milchwaren. Die Auswahl zwischen »Wellness-Kefir mit selbst drehender Biomolke und naturbelassenen Freiland-Aromen« und »Summerbreeze – der leichte, fettreduzierte Joghurtdrink mit einem karibischen Hauch von Mango und Papaya« wird ihn zur Verzweiflung und sein Selbstbewusstsein in den Keller treiben. Ängstliche Ehrfurcht vor Frauen, die täglich mehrfach diesen Herausforderungen nicht nur gerecht werden, sondern sie auch noch zu genießen imstande sind, wird die Folge sein.

Angst vor Frauen äußert sich nicht unbedingt darin, dass der Mann ihnen aus dem Weg geht. Er kann ihre Nähe im Gegenteil auch geradezu suchen, um die Ausschüttung von Angsthormonen zu zelebrieren. (Nicht nur beim Boxen spricht man hier vom »Klammern«.) Alternativ sucht er sich, sofern seine Mutter nicht mehr bereit oder imstande ist, ihn zu beherbergen, eine feste weibliche Bezugsperson, der er sich vollständig unterordnet. In der Regel weist sie ihm einen festen Platz zu (das sogenannte »gemeinsame« Zu-

hause), und er kompensiert seine Furcht vor ihr, indem er außerhalb ab und
zu über die Stränge schlägt oder wenigstens einen Geländewagen fährt.
Wodurch er wiederum zur Bedrohung für andere wird.

Zusammengefasst fühlt sich der Mann auf dreierlei Weise bedroht von Frauen:

1. In seinen jahrhundertelang aufgebauten Domänen (Politik, Wirtschaft, Technik, Fußball, Religion), in die sie zunehmend eindringen.

2. In der Selbstwahrnehmung, die traditionell davon lebt, dass der Vergleich zu und mit Frauen vermieden wurde.

3. In der bloßen Existenz: Insbesondere durch die Gentechnik ist der Mann im Begriff, sich selbst überflüssig zu machen. Dadurch wird die Frau vom Zwang entbunden, sich überhaupt noch mit einem Mann abzugeben, weshalb er in absehbarer Zeit keine Rolle mehr spielen wird. Die einzigen Sorten von Männern, die die Frauen sich in ihrer zukünftigen Gesellschaft noch halten werden, sind Friseure und Masseure. Und ein paar ungewaschene, unrasierte Latino-Machos auf einer karibischen Insel für die schmutzigen Urlaubsphantasien. Lieber Leser, gehören Sie zu einer dieser drei Gruppen? Nein? Dann ist Ihre aufsteigende Panik berechtigt.

Häufige Opfer	Berühmte Fälle	Größte Feinde	Fortbildung	Verwandte Ängste
• Männer • Frauen • Mütter von Söhnen	• Guido Westerwelle • Ajatollahs aller Art • Boris & Lothar • Schopenhauer	• Testosteron • Emma • Drogen	• »Suburban Shootout – Die Waffen der Frauen« *(Bowen/ Beckett/ Martin)* • »Born a girl« *(Manic Street Preachers)*	• Angst vor Katzen • Angst vor Problemen • Angst vorm Einkaufen • Angst vor Verarmung • Angst vor Bindung • Angst vor Scheidung

ANGST VOR HÜHNERN
(Alektorophobie)

Die Intensität der Furcht ist unter anderem bestimmt vom Grad der Bedrohung. Manchmal ist die Wahrscheinlichkeit sehr hoch, dass man in Gefahr ist. Z. B. als einziger Mann im Zuschauerraum bei einem Auftritt der »Chippendales«. Manchmal muss das Risiko als eher klein gelten, aber die Vorstellung dessen, was passieren *könnte*, ist einfach zu grausam. Wie z. B. als einziger Mann auf dem Mond.

Insofern gibt es Ängste, die alle verstehen: Entweder, weil sie oft auftreten. Oder weil alle sie teilen. Alektorophobie ist ein Beispiel für die viel zu seltenen Fälle, in denen beides zusammenkommt. Jeder hat schon einmal in die wirren, wüsten, wilden Augen eines Huhns schauen und seine abgrundtiefe Verachtung uns Menschen gegenüber spüren müssen. Immer und überall werden wir schließlich von diesen Fasanesken bedroht. Zum anderen waren die Konsequenzen ihrer Attacken für die Betreffenden stets schier unerträglich brutal. Wer hat noch nicht gehört von den grausamen Entstellungen, die Hühner in Thailand unschuldigen Touristen beigebracht haben? Oder den zahlreichen Vertreibungen in Afrika, die militanten Gockelorganisationen zugeschrieben werden? Von den schleichenden Giftattacken durch Hühner im Rahmen unsere Ernährung ganz zu schweigen. Die Geflügel-Taliban tarnen sich teilweise als »Nuggets«, um als solche unser Immunsystem zu schwächen. Wer sich so ernährt, hat bald keine Fluchtchance mehr und kommt nicht vom fettigen Fleck. Zumal er ohnehin geschwächt ist durch den permanenten Schlafmangel, den das frühmorgendliche Geschrei dieser mörderischen Rasse hervorruft.

Hühner sind bekannt und gefürchtet – zu Recht, denn sie sind falsch und hinterlistig. Gerade zum Fest der Auferstehung Christi, am Ende der Fastenzeit, nutzen sie unsere kindliche Freude über die Erlösung aus und schieben uns in dieser emotionalen Ausnahmesituation dioxin- oder cholesterinverseuchte Eier unter, deren nicht gänzlich hartgekochtes Gelb uns dem Herztod einen großen Schritt näherbringt. Und damit unserer eigenen Auferstehung, wie sich diese zynischen Federviecher abends am Tresen gegenseitig zugackern mögen.

Ihr als schrill zu bezeichnender Kamm legt es schon nahe: Insbesondere Hähne sind aggressiv, schnell und rücksichtslos. Und stehen auf Menschenfleisch. Bei der Jagd nehmen sie auf sich und ihresgleichen keine Rücksicht. Wenn es mehrerer von ihnen bedarf, um beispielsweise einen starken Mann zu bezwingen, so opfern sie sich. Getrieben werden sie dabei von einem ungeheuren Tötungsinstinkt. In einzelnen Fällen, insbesondere in den amerikanischen Südstaaten, kam es schon zu Ritualmorden an harmlosen Bluegrass-Sängern, deren Leiber von Hühnern grausam entstellt waren: Der kleine Zeh war jeweils abgeknickt.

Konsequenterweise sperren wir diese Tier-Terroristen ein. Aber erst, wenn alle Hühner hinter Gittern sind, kann sich die Menschheit wirklich sicher fühlen. Selbst dann jedoch wird die Angst wohl bleiben, werden viele von uns nachts schweißgebadet aufwachen, weil sie den markerschütternden Schrei des Hahns zu hören meinen. Dreimal ertönt er und erinnert so an den Verrat im Garten Gethsemane, als der Hahn ursächlich beteiligt war an der Hinrichtung des Gottessohnes. Er beginnt tief und drohend, schwillt dann an, schraubt sich in die Höhe und saust letztlich herab wie eine Guillotine.

Häufige Opfer	Berühmte Fälle	Größte Feinde	Fortbildung	Verwandte Ängste
• Landwirt • Raubkatzen	• Mickey Rourke • Osterhase • Willy de Ville	• Legebatterie • Bratrohr • Drogen	• »Angel Heart« *(Alan Parker)* • »Die wilden Hühner« *(Vivian Naefe)*	• Angst, die Augen zu öffnen • Angst vor Arbeit • Angst vor Eiern

ANGST VOR DEM KRANKENHAUS
(Hospitalophobie)

Die Angst vor Krankheiten ist eine wunderbare Vorstufe zur
→ *Angst vor dem Tod.* Jedes Hüsteln und jedes Zwicken kann man
bereits als Beginn der Verwesung empfinden. Eine der bekanntesten Erscheinungsformen dieser Phobie ist der sogenannte Hypochonder. In seiner permanenten, hektischen Scheu vor Ansteckung und mit seinem Desinfektionszwang liefert er sich selbst
auf eindrucksvolle Weise psychosomatischen Erkrankungen sowie der der sozialen Isolation aus. Hier wird der sich selbst bestätigende Charakter vieler Ängste sehr schön deutlich.

Es ist immer wieder beeindruckend, wie der Hypochonder bei
Anblick eines Rauchers auf der anderen Straßenseite beginnt,
asthmatisch zu keuchen. Oder sich weigert, Türklinken zu berühren, die von anderen Menschen ebenfalls benutzt worden
sein könnten, um sich nicht – mit was auch immer – anzustecken *(Monkophobie).* Für diese Menschen erfand man den »Paradise Cleanseat«, einen selbstreinigenden Toilettensitz mit Strom-
und Wasseranschluss. Angst schafft Arbeitsplätze! *(siehe: Angst
vor öffentlichen Toiletten; Angst vorm Kommunismus)*

Steigerbar ist diese Panik nur noch durch die Angst, gesundheitlich derart schwer beeinträchtigt zu sein, dass man ins Krankenhaus muss. Um sich dort weitere Krankheiten zu holen, von
denen man zuvor noch gar nichts gehört hatte. Für einen Hypochonder ist ein Aufenthalt in einem Hospital gewissermaßen eine
Fortbildungsveranstaltung: Er kommt auf ganz neue Gedanken.

Wer in ein Krankenhaus kommt, hat Programm: Entweder

wirst du selbst eingeliefert, dann bist du in Not. Oder einer deiner Freunde und Angehörigen ist betroffen, dann bist du in Sorge. So oder so, man ist emotional beeinträchtigt und hat damit gute Voraussetzungen, ängstlich zu werden. Ein Bedrohungsgefühl ist in dieser Situation eine ganz natürliche Reaktion. Unserer geneigten Leserschaft wollen wir hier jedoch keinerlei Verletzung oder Erkrankung wünschen, weshalb wir vom Besuchsszenario ausgehen.

Wer ein Krankenhaus betreten will, wird ja zumeist begrüßt von der Raucher-Armada: eine immer und überall vorhandene Gruppe, meist Männer in 50er-Jahre-Bademänteln oder Jogginganzügen mit Roll-Tropf, die, teilweise bereits beinamputiert, die Bänke vor der Tür und in aller Regel auch den Windfang des Hospitals in eine dunkelgraue, übelriechende, gelegentlich von Blitzen durchzuckte Wolke verwandeln. Es entsteht der Eindruck, man betrete den Vorhof zur Hölle. Was ja durchaus stimmt.

Denn im Inneren ist es sehr warm. Und es wimmeln gequält wirkende Menschen durcheinander. Überall sind Flüssigkeiten. Und medizinisches Personal, das, gefallenen Engeln gleich, stets gehetzt und jeden Blickkontakt meidend, lateinische Litaneien vor sich hinmurmelt, in der Hoffnung auf Erlösung. Von wem oder was auch immer.

Für Besucher ist es zunächst nahezu unmöglich, festzustellen, wo im Krankenhaus sich die gesuchte Person überhaupt befindet. An der fälschlich so genannten »Information« wird dem Besucher nämlich mitgeteilt, eine Person des genannten Namens sei hier überhaupt nicht eingeliefert worden. Auf diese Weise soll der Gast bereits auf das Gefühl vorbereitet werden, seinen geschätzten Freund oder geliebten Angehörigen gänzlich zu verlieren. Momentan hält er ihn allerdings schlicht für im Krankenhaus verschollen und insistiert. Logischerweise möchte man sicherstellen, dass der Gesuchte sich nicht längst auf dem Seeweg nach Guatemala befindet, wohin er vom Oberarzt zur Durchführung medizinischer Experimente verkauft wurde.

Nach einer dreiviertelstündigen Zeremonie stellt sich dann heraus, dass die gesuchte Person unter einem anderen Namen, mit einer anderen Krankheit oder einer falschen Krankenkasse verbucht worden ist. Das ist sehr vertrauenerweckend. Der Besucher wird dann zu einer Station geschickt, auf der er angeblich fündig werden soll. Allerdings noch mit den geraunten Worten, man solle dort noch einmal nachfragen, man könne »von hier unten« leider nicht feststellen, auf welchem Zimmer sich Freund oder Verwandter »genau« befinde.

Die Aufzugfahrt zur Station gehört ebenfalls zu den phobischen Höhepunkten eines Krankenhausaufenthaltes – insbesondere die in die Abteilung »Innere Medizin«. Dort ist die Wahrscheinlichkeit relativ hoch, im Lift auf Übergewichtige zu treffen oder auf Menschen mit Stoffwechselstörungen. Dadurch werden Ihre Sinne während der Fahrt einer weiteren Belastungsprobe ausgesetzt *(siehe: Angst vor dem Fahrstuhl)*.

Wenn man die Station betritt, wird man zumeist gewahr, wie ein leblos wirkender Körper auf dem Flur von einem Bett ins andere gehoben wird. Dies geschieht meist unter dem lauten Scherzen der patenten Stationsschwester. Sie ist daran zu erkennen, dass sie extrem korpulent und immer fröhlich ist und Erika oder Heike heißt. Sie kann dir mit ein wenig Glück auch helfen, das

Zimmer der gesuchten Person zu finden. Die sich aber in der Regel nicht dort aufhält, sondern gerade bei einer Untersuchung ist. Oder zum Rauchen vor der Tür.

Im Zimmer befindet sich dagegen ein angeschossener russischer Hehler mit seinen vier besten Freunden. Oder eine mehrfache türkische Großmutter mit ihren zwölf neugeborenen Enkeln und deren Eltern und Geschwistern. Einen Arzt wirst du dagegen in diesem Zimmer nie antreffen – vermutlich aufgrund einer latenten Fremdenfeindlichkeit. Oder ist es allgemeine Misanthropie? Wahrscheinlich. Denn es handelt sich dabei um eines der großen Mysterien unseres Gesundheitssystems: Ein Krankenhaus wimmelt eigentlich von Medizinern. Allerdings trifft man nie einen. Es gelingt nur den wenigsten Patienten oder Angehörigen, ein persönliches Gespräch mit einem echten Arzt zu führen. Diagnosen werden heute meist zentral vom Rechenzentrum gestellt und per Mail in das sogenannte Sprechzimmer geschickt, wo sie sich der Patient wahlweise ausdrucken oder sich von einem Praktikanten vorlesen lassen kann.

In analogen Krankenhäusern (Bremen, Regensburg etc.) erfolgt die Information des Patienten per Zuruf durch die halbgeöffnete Tür. Der Kranke erahnt einen auf dem Flur vorbeihuschenden Kittel, kann sich aber nie wirklich sicher sein: War es der Arzt? Die Putzfrau? Der Stationsclown? Und was genau bedeutet das gezischte Wort »Mortalität«? Damit wird dem Erkrankten die Flüchtigkeit nicht nur der Ärzte, sondern auch seiner eigenen Existenz verdeutlicht. Und seine eigene Irrelevanz – denn Mediziner haben offenbar Wichtigeres zu tun, als sich um Erkrankte zu kümmern. Von deren Angehörigen ganz zu schweigen.

Sollte es dennoch zu einer Begegnung mit einem echten Doktor kommen, dauert diese maximal fünfzehn Sekunden und findet auf dem Flur statt. Dort werden dann neben Kaffeemaschine und Putzfeudel lauthals Verwandtengespräche geführt. Was zu einem enormen emotionalen Zusammenhalt aller Kranken und Angehörigen führt, da alle mithören können, welche Art von Tumor sich an welcher Körperstelle welches Patienten befindet und welche Operation wann von wem empfohlen wird. Besonders mitreißend ist das bei Erkrankungen des Genitalbereichs oder des Darmtrakts.

Wenn sich die Familie allerdings unkooperativ zeigt und die Erörterung dieser Fragen nicht solidarisch mit allen anderen Menschen auf der Station teilen möchte, wird sie zur Besprechung in ein Arztzimmer gebeten, in dem sie während der Erörterung des väterlichen Bauchspeicheldrüsenkarzinoms von den stinkenden Laufschuhen des Doktors eingenebelt wird. Manchmal vertreibt dieser aber auch eine alte Schlesierin aus dem besenkammergroßen Aufenthaltsraum, in dem sie geduldig auf die Mitteilung wartet, dass ihr Mann dieses Krankenhaus bereits vor dem Zweiten Weltkrieg wieder verlassen hat. Die Suche nach einem geeigneten, diskreten Plätzchen hat nun allerdings so viel Zeit gekostet, dass der Doktor das Betreuungsgespräch doch nicht selber führen kann. Er geht daher sofort wieder und überträgt die Beratung seinem 21jährigen sogenannten Assistenzarzt, der, offenbar noch unter Drogen von der gestrigen Erstsemesterparty, während des Gesprächs an seinen Fingernägeln kaut und fahrig mit dem Spritzbesteck hantiert.

Man muss realisieren: Ärzte gehören nicht wirklich zu uns,

sondern wandeln, Untoten gleich, durch eine – in ihren Augen natürlich ohne ihr eigenes Zutun – zerstörte Welt. Mediziner halten sich selbst für die überarbeiteten und unterbezahlten Opfer eines brutalen Systems und haben den Kontakt zu ihren Emotionen meist gänzlich verloren. Sie geben höchst gespenstische, unmenschliche Analysen ab zum Zustand der eingelieferten »Objekte«, die in ihren Augen auch schon lange keine Menschen mehr sind.

Das macht wütend, aber auch ängstlich – insbesondere, da man die Aussagen des medizinischen Fachpersonals nur selten versteht. In aller Regel kann man weder die Diagnose noch die vorgeschlagenen Behandlungen und deren jeweilige Risiken wirklich nachvollziehen. Man muss sich bzw. den Angehörigen einfach irgendwem ausliefern. Was leider nicht bedeutet, dass irgend jemand entlassen wird. Schon gar nicht der Arzt: Der kann tun und lassen, was er will. Vor solchen Unfehlbaren kann man sich zweifellos fürchten! *(siehe: Angst vor Gott)*

Um sich diese Angst anzueignen, sei ein Besuch in einem Krankenhaus Ihrer Wahl empfohlen – idealerweise zunächst in völliger Freiheit, ohne Bezugsperson auf einer der Stationen. So können Sie sich mit den Gepflogenheiten und den ausgefeilten Details der Hospitalophobie vertraut machen. Dass Sie im Laufe Ihres Lebens immer öfter wiederkommen werden und zunehmend Sie selbst der Mensch sein werden, der in den Fokus der Medizin gerät, versteht sich von selbst.

Häufige Opfer	Berühmte Fälle	Größte Feinde	Fortbildung	Verwandte Ängste
• Kranke • Gesunde	• Amy Winehouse • Michael Jackson • Stalin • Woody Allen • Sonya Kraus	• Arztpraxis • Medizin-mann • Gesundheit • Drogen	• »Silent Hill« *(Christophe Gans)* • »Der eingebildete Kranke« *(Molière)* • »Dr. House« *(David Shore)* • »Die Schwarz-waldklinik« *(Herbert Lichtenfeld)*	• Angst vor Krankheiten • Angst vor Ärzten • Angst vor öffentlichen Toiletten • Angst vor Fahrstühlen

ANGST VOR DEM ALLEINSEIN
(Monophobie)

Die Angst vor dem Alleinsein ist uralt. Schließlich sind wir Menschen keine Zwitter, sondern seit jeher das Paaren gewohnt. Erst im Laufe der Jahrhunderte entwickelten sich monastische Lebensformen.

Aber selbst im Kloster lebte man nicht allein, sondern stillte das Bedürfnis nach menschlicher Nähe durch Zell-Teilung. Wir sind Herdentiere und brauchen den Schutz der Gruppe zum Überleben. Bis heute basiert der Erfolg der menschlichen Spezies darauf, dass sich verschiedene Individuen mit ihren jeweiligen Fähigkeiten ergänzen: Der Kellner bedient, der Gast speist. Der Mann schmutzt, die Frau putzt. Der Mensch denkt, Gott lenkt.

Vom emotionalen Mehrwert ganz zu schweigen: Wer andere Menschen um sich hat, fühlt sich in aller Regel weniger bedroht. Oder zumindest nur von seinesgleichen. Dies gilt für den Swingerclub genauso wie für die Justizvollzugsanstalt. Dort gilt ungeachtet des Geisteszustands und der Gewaltbereitschaft der Mithäftlinge die Einzelhaft noch immer als Höchststrafe. Viele Strafgefangene haben bekanntlich nach ihrer Entlassung große Schwierigkeiten, sich außerhalb des Gefängnisses zurechtzufinden und würden am liebsten freiwillig zurückkehren. Das wird ihnen allerdings verwehrt, weshalb sie einen Rückfall vortäuschen und gegen ihre Bewährungsauflagen verstoßen müssen. So betreiben viele Kriminelle einen Riesenaufwand – ihnen ist das sichere Unglück lieber als das unsichere Glück. Das wiederum ist ein Prinzip, das viele aus ihrer eigenen Ehe kennen dürften. Genau wie das Stockholm-Syndrom: die emotionale Solidarisierung der Geisel mit dem Entführer. Sogar der Verbrecher kann irgendwann für uns zur gewohnten Umgebung zählen und uns Sicherheit vermitteln.

Jeder, der allein lebt, hat eben das Gefühl, dass ihm etwas fehlt. Selbst die gestresste Mutter von fünf Kindern fürchtet sich vor der Stille des leeren Hauses. Und davor, dass sich gerade dann, wenn sie auf Hilfe angewiesen ist, niemand um sie sorgt.

Liebe Leserinnen und Leser, Sie können sich das nicht vorstellen bei all dem Trubel ringsherum? Malen Sie sich einfach aus, wie Sie nach einem Unfall hilflos und unbeachtet am Straßenrand oder in der Kabine eines Kreuzfahrtschiffs versterben, ohne dass es jemand bemerkt. Sehen Sie die Szene vor sich? Haben Sie schon einen akuten Monophobie-Schub? Glückwunsch, Sie haben es geschafft! Und dürfen jetzt ganz schnell sämtliche Facebook-Freunde anstupsen.

Die Monophobie tritt vielfach im Herbst auf und besonders in Großstädten. Aber auch in ländlichen Regionen. Und im Sommer. Sie ist eine der grausamsten und willkürlichsten Ängste, die wir zur Verfügung haben. Sie kann den unfreiwilligen Single treffen, der sich nach nichts mehr sehnt als nach Partnerschaft. Aber auch den, der eigentlich glücklich ist, seine Ruhe zu haben. Sie kann sich zeigen beim fröhlichen Paar, das nichts mehr fürchtet, als dass einer vor dem anderen stirbt. (Was mit hoher Wahrscheinlichkeit der Fall sein wird.) Aber auch in einer unglücklichen Pflichtehe kann sie auftreten. Weil beide Partner wissen, dass sie mittlerweile keine Chance mehr haben, jemand Besseren zu finden.

Die Angst vor dem Alleinsein kann sich darin zeigen, dass der Betroffene zwanghaft versucht, unter Menschen zu kommen. Er kauft sich beispielsweise ein Monatsticket für den öffentlichen Nahverkehr und fährt abends einfach im Kreis. Oder er besucht Selbsthilfegruppen, Volkshochschulkurse oder Einkaufszentren.

Andere Monophobiker ziehen sich ganz zurück, gehen allein spazieren oder setzen sich vor den Fernseher, um sich schon mal an das Alleinsein zu gewöhnen.

Das Beruhigende an der Monophobie ist, dass sie sich auf jeden Fall eines Tages bewahrheiten wird. Das vermittelt Sicherheit. Einmal wird jeder von uns allein sein. Und sei es auf dem Klo.

Häufige Opfer	Berühmte Fälle	Größte Feinde	Fortbildung	Verwandte Ängste
• Menschen • Henker • Massenmörder • Diktatoren • Eltern	• George Clooney • Boris Becker • Reiner Maria Rilke • Walter Scheel • Thomas Bernhard	• Familie • Flug in die Karibik • Vereinsleben • Drogen	• »Never die alone« *(Ernest R. Dickerson)* • »I ride alone« *(Lee Clayton)*	• Angst vor dem Tod • Angst vor Bindung • Angst vor dem Herbst

ANGST VOR FAHRSTÜHLEN
(Aszensophobie)

Der Fahrstuhl ist unter Angst-Gesichtspunkten eines der großartigsten Verkehrsmittel, vermag er doch nicht nur Menschen, sondern auch verschiedene starke Gefühle zu transportieren. Er kann Sozialphobie auslösen, → Höhenangst, Klaustrophobie sowie die Angst vor der Technik. Und vor dem mitfahrenden Chef. Und das alles in einem seeeehr kleinen und seeeehr engen Raum.

Der Fahrstuhl ist Ausdruck der Tatsache, dass die Menschheit über ihre körperlichen Grenzen hinausgewachsen ist, und zwar in die Vertikale. Diese Entwicklung muss sie mittels Technik kompensieren.

Ausgangspunkt der Fahrstuhl-Nutzung ist mithin die Furcht, das Ziel nicht per Treppe zu erreichen. Oder zumindest nicht schnell genug. Diese Erfahrung bleibt den Bewohnern von Bauernhöfen und Kleinstädten aufgrund der maximalen Zweistöckigkeit ihrer Behausungen in aller Regel verwehrt. Wir haben es bei der Fahrstuhl-Angst also mit einer modernen, mondänen und urbanen Angst zu tun.

Eine sozial akzeptierte Ausformung der Fahrstuhlangst ist in unserer fitnessfixierten Gesellschaft die Teilnahme an Wettrennen in den Treppenhäusern unserer Großstädte. Besonders hippe Fahrstuhl-Phobiker sind die sogenannten Extremsportler, die Hochhäuser grundsätzlich nur über die Fassade betreten. Ebenfalls als total modern, angesagt und durch nichts zu

erschüttern gelten Unternehmen, die an ihrem Firmensitz gläserne Aufzüge
eingebaut haben und dadurch Kunden und Mitarbeitern permanent emo-
tionale Achterbahnfahrten ermöglichen.

Dem Nutzer eines Fahrstuhls winkt eine Vielzahl von Sinnesein-drücken, die durchaus auch miteinander in Konflikt geraten können. Noch besser ist es allerdings, wenn sich alle Fahrgäste *einen* Sinneseindruck teilen. Dies führt zu einem unvergleich-lichen Gehirnzirkus. Wenn z. B. im Commerzbankturm in Frank-furt am Main jeden Morgen um dieselbe Zeit zwanzig identisch riechende, frisierte und gekleidete Herren in einen der Aufzüge steigen, wissen sie logischerweise im dritten Stock schon nicht mehr, wer sie sind und als wer sie wo aussteigen müssen. Folglich gehen sie abends auch ins falsche Zuhause. Zu Weihnachten er-schrecken sie aber plötzlich, weil sie diese Kinder gar nicht ken-nen. Stellen Sie sich vor, man merkt erst bei der Beerdigung, dass Sie ganz jemand anders waren!?! Ist das nicht ein faszinierender Gedanke?! Hier haben Sie die Chance, eine neue Identität anzu-nehmen, Teil zu werden eines quasi phobischen Zeugenschutz-programmes. Und das mit nur *einer* Fahrstuhlfahrt! Sie müssen lediglich zur Commerzbank gehen.

Wem diese Vorstellung allerdings Übelkeit bereitet, dem sei eine andere Möglichkeit genannt: Fast ebenso verwirrend ist es, wenn im Hotel auf dem Weg zum Frühstück im Lift zwar alle frisch geduscht sind, aber eben auch alle mit demselben Dusch-gel – was da halt gerade an der Wand hing. Dann stehen da am Morgen nach der Werbeveranstaltung miteinander im Aufzug: Der coole, von zuviel Testosteron frühzeitig ergraute Musiker

der dreiköpfigen SAP-Schlager-Band und die sexy Marketing-
leiterin im knappen Kostüm mit dem Restalkohol. Und beide riechen gleich. Und fragen sich: Wer ist hier der Jäger und wer das
Wild?

*Nutzen Sie die Möglichkeiten des Fahrstuhls, um auch Ihren Mitmenschen
Ängste einzujagen. Dazu reicht manchmal schweres Atmen während der
Fahrt. Oder das Murmeln unverständlicher, arabisch klingender Formeln
und Litaneien. Oder nehmen Sie einen laut tickenden Wecker mit! Andere
Geräusche können auch durch mitgebrachte Aufnahmen simuliert werden.
Komische Gerüche können ebenfalls sehr wirkungsvoll sein (es muss nicht
immer eine Stinkbombe sein, eine verdorbene Knoblauchzehe tut es auch).
Und: Postieren Sie sich beim Warten auf den Fahrstuhl unbedingt direkt vor
dessen Tür und hindern Sie die Fahrgäste durch Ihre physische Präsenz am
Verlassen des Lifts und damit am Erreichen ihres jeweiligen Ziels. Sie lernen
Ihre Mitmenschen unverzüglich von ihrer panisch-brachialen Seite kennen.*

Aszensophobien vermögen sich auch schon vor dem Fahrstuhl
zu bilden. Eine bekannte Situation: Sie drücken den Knopf, der
leuchtet auf. Zudem blinken die Ziffern oberhalb der Fahrstuhl-
tür und zeigen deutlich an, dass sich der Aufzug auf dem Weg zu
Ihnen befindet. Und dann kommt noch jemand. Sieht Sie an,
sieht den leuchtenden Knopf an, sieht Sie an, sieht die leuchtenden Ziffern an, sieht Sie an – und drückt noch einmal.

Da stellt sich die Frage: Was glaubt so ein Mensch? Glaubt er,
dass er selber gedrückt haben muss, um den Fahrstuhl überhaupt
besteigen zu dürfen? Glaubt er, dass Sie nicht richtig drücken
können? Glaubt er, Sie stehen dort seit einer halben Stunde und

warten darauf, dass endlich jemand kommt, der Sie einweist?!
Vielleicht wirken Sie so auf andere!?!! Das kann Angst machen.
Man glaubt, dass Sie zwar einsteigen wollen, aber nicht wissen,
wie!

Konzentrieren Sie sich nur auf diesen Gedanken. Und schon
haben Sie die herrlichsten Zweifel. Und zwar nicht nur an der
Technik, sondern auch an sich selbst. Das ist die tragfähigste
Angst. Nur sie kann niemals durch die Umwelt erschüttert werden. Ausschließlich negative Erwartungen sind es, die wir durch
unser eigenes Handeln dauerhaft stabilisieren können. Sich
selbst erfüllende Prophezeiungen sind ein dauerhafter und zu-
verlässiger Freund vieler Ängste.

Häufige Opfer	Berühmte Fälle	Größte Feinde	Fortbildung	Verwandte Ängste
• Banker • Hoteliers • Fremden-führer • Asiaten	• Götz George • Arminia Bielefeld	• Bungalows • Treppen • Fitnessstudio • Treppenlifter • Drogen	• »Abwärts« *(Carl Schenkel)* • »The Lift goes up where we belong« *(Joe Cocker & Jennifer Warnes)* • »Devil« *(John Erick Dowdle)*	• Angst davor, eine Erektion zu sehen, daran zu denken oder eine zu haben • Angst vor Gerüchen • Angst vor engen Räumen

ANGST VOR GOTT
(Theophobie)

Religiösität gehört zum ureigensten Wesen des Menschen. Zumindest sind uns keine Tiere bekannt, die sich periodisch auf preisreduzierte Auslegware aus dem Orient-Outlet knien, sich brummelnd in vorher festgelegte Himmelsrichtungen verbeugen und dabei rufen: »Alles muss raus!«. Eher selten auch findet man in Flora und Fauna Wesen, die monatelang auf Essen und Trinken verzichten und sich bei herrlichstem Sonnenschein in feuchten, kalten Räumen versammeln, um stundenlang auf ein Holzstück zu starren. Zugegebenermaßen unverständliche Verhaltensweisen.

Aber dem Menschen ist im Gegensatz zum Tier offenbar klar, dass er nicht alles versteht. Was er nicht weiß, nennt er Glauben. Dieser Bereich wird daher umso größer, je geringer seine Bildung ist. Anders formuliert: Je weniger man weiß, desto mehr kann man glauben. Kinder und Senioren sind deshalb die größten religiösen Bevölkerungsgruppen: Die einen haben noch nichts gelernt, die anderen können sich an nichts erinnern.

Warum glauben wir? Aus Furcht. Wir haben Angst vor dem, was wir nicht kennen oder verstehen *(siehe: Angst vor Fremden)*. Daher benennen wir es gerne. Der Name für das, was wir nicht verstehen, ist Gott. Oder Frau. Beide können und wissen alles. Zumindest besser *(siehe: Angst vor Frauen)*. Gott stellen wir uns wahlweise vor als Land, als Energie oder als Person. Der Kontakt zu ihm kommt meistens zustande durch »Boten«, die angeblich bereits in diesem Land waren, von dieser Energie durchflossen sind oder mit dieser Person gesprochen haben. Wie auch immer die das geschafft haben: Wir sollten tun, was sie sagen. Sonst: Hölle, Hölle, Hölle, Hölle!

Zum Wesen jedes Glaubens gehört die Strafe: Wohlverhalten wird belohnt, Asozialität bestraft. Allerdings nur im Jenseits – hier und jetzt ist es bedauerlicherweise genau umgekehrt. Konzentrieren Sie sich daher für einen kurzen Moment auf die Fehler, die Sie im Laufe Ihres Lebens gemacht haben: Wen haben Sie verletzt, wen belogen, haben Sie Steuern hinterzogen oder das Kassenbuch frisiert, haben Sie Tiere gequält, Ehebruch begangen, die Zeche geprellt oder gar Schlimmeres?! Und dann fragen Sie sich, was ein perfekter, allmächtiger und allwissender Gott davon halten wird, wenn er bei Schließung Ihres Ladens Kassensturz macht. Ergebnis wird sicherlich sein, dass Sie möglichst lange hierbleiben und ihm so spät wie möglich gegenübertreten wollen. Dies ist das Muster, dem zahllose Männer weltweit folgen, wenn sie nach der Arbeit noch mit den Kollegen um die Häuser ziehen, um dem häuslichen Gericht zu entgehen (dessen Strafen vergleichsweise harmlos anmuten).

Auf unserem Planeten gibt es etliche kleine, häufig stammesbezogene Formen von Glauben (Kannibalismus, Astrologie, Schalke 04). In diesen auch als atavistisch bezeichneten, primitiven Systemen geht es weniger um Religion als um Region: Wer auf der anderen Seite der Berge wohnt oder jenseits der A 1, der kann nicht dazugehören. Diese Gläubigen fürchten sich, ein ihnen fremdes Land zu betreten, in dem andere Regeln gelten oder andere Farben getragen werden. Denn da hat ihr eigener Gott nichts zu melden. Dies ist der Grund, aus dem bei Auswärtspartien deutlich weniger Fans ihren Verein unterstützen als bei Heimspielen. Diejenigen, die sich trauen, mitzufahren, sehen Gott nicht als Region, sondern folgen offenbar schon einer der besser entwickelten sogenannten Hochreligionen mit anderem Gottesbild: Hinduismus, Buddhismus, Judentum, Islam oder Christentum.

Die fernöstlichen Religionen Hinduismus und Buddhismus sehen Gott als Energie. Das Wesen ihres Glaubens würden die Menschen dort eher beschreiben als »das Göttliche in uns allen« oder »das Heilige in der Kuh da vorne ... Nein, nicht in der ... Oh Mann, wie blöd kann man sein!!??!! In der braunen daneben!!!!«.

Gott ist dort kein Gegenüber, sondern eher Teil der Natur. Ziel ist es nicht, ihn zu fürchten, sich seinem Willen zu unterwerfen, sondern sich mit ihm zu vereinen. Der Mensch wird insofern nicht zum Gehorsam gezwungen, sondern bereits vorauseilend an der Bildung eines eigenen Willens gehindert. Man versetzt ihn frühzeitig in einen vorindividuellen, komatösen, zellförmigen Zustand. Hier fürchtet man genaugenommen keinen »Gott«, sondern höchstens einen kosmischen Stromausfall. Das Leben ist ein Fluß, es liegt in seinem Bett, läuft und strömt und will dich mitreißen. Definitiv keine Religion für Nichtschwimmer.

In den drei orientalischen Religionen Islam, Judentum und Christentum stellt man sich Gott eher als mächtige Person vor. Die Furcht vor ihm ist dort ein Urbestandteil der Frömmigkeit. Sie zeigt sich in Demut, Unterwerfung, Gehorsam.

Gottesfurcht bedeutet zunächst, seine eigene Existenz als ohnmächtig zu akzeptieren. Sie gibt uns Menschen die Chance, nicht verantwortlich sein zu müssen für so schreckliche Dinge wie

Naturkatastrophen, Bürgerkriege oder die FDP. Sie sind Strafen Gottes, die zwar irgendwie mit unserem Fehlverhalten zusammenhängen, aber nicht unmittelbar auf Einzelne von uns zurückzuführen sind.

Der Gottesfürchtige in seiner Ohnmacht ist bereit, sein Leben auf das einzustellen, was dieses höchste Wesen von ihm hält bzw. was es nach dem Tod mit ihm anstellen wird *(siehe auch: Angst vor dem Krankenhaus)*. Furcht vor Gott bedeutet, nicht zu wissen, was der als Nächstes tut. Eine berechtigte Angst, handelt es sich doch in unserem Falle um einen orientalischen und dadurch um einen durch Überhitzung und Wassermangel höchst launischen Herrn. Dessen Wille oft undurchschaubar bleibt und deshalb zu fürchten ist.

Angst macht nicht nur die Befürchtung, sich mit dem Allmächtigen anzulegen und damit seinem unbegrenzten Strafrepertoire ausgesetzt zu sein. Angst macht auch, dass die Forderungen Gottes in aller Regel transportiert werden von Menschen, die ihrerseits nicht alles wissen. Und teilweise zu anderen Zeiten gelebt haben als man selbst. Und in teilweise ganz anderen Ländern. Und teilweise eine ganz andere Sprache nutzten. So dass man unter Umständen bestraft wird für etwas, das man gar nicht verstehen konnte. Oft kommt die Furcht vor Gott der vor der Religion sehr nahe, in unserem Falle der vor der Kirche: der Ecclesiophobie. Die Welt der Religion ist nämlich voller Missverständnisse und kleinster, aber bedeutungsvollster Unterschiede, deren Missachtung für alle Beteiligten fatale Konsequenzen haben kann. Das sieht man sogar innerhalb desselben Kulturkreises, derselben Kirche, ja innerhalb derselben Konfession.

Wir beispielsweise fuhren in den Siebzigern mit unserer durchschnittlich evangelisch-lutherischen Familie in den Urlaub an die Nordsee und gingen dort dann auch gemeinsam zum Gottesdienst. Niemand von uns ahnte allerdings, dass man am Jadebusen während des Vaterunsers nicht aufsteht. Wir fünf hingegen taten es. Als einzige. Eine Ewigkeit standen wir da, mit knallrotem Kopf. Als das Vaterunser endlich vorbei war und wir uns erleichtert auf die Sitzbank fallen ließen, standen alle anderen auf. Zum Segen. Jetzt aber blieben wir sitzen. Und starrten zurück. Bis heute ist uns nicht klar, welche Strafe uns für dieses Fehlverhalten erwarten wird. Bzw. die anderen. Hölle, Hölle, Hölle, Hölle!

Die Religionen vermitteln unzählige unterschiedliche Bilder von Gott. Jede wiederum ist ihrerseits über die Jahrhunderte zu einer hochkomplexen Konstruktion mutiert, in der es für die verschiedensten Lebenslagen die unterschiedlichsten Regeln und Ausnahmen gibt, die eine gottesfürchtige, richtige Lebensführung quasi unmöglich machen. »Wie du es machst, machst du es verkehrt« – so lautet die Botschaft der Religion. Dies ist ein wunderbarer innerer Kosmos, den wir alle nutzen sollten, um dem Funktionalismus unserer rationalen Zeit ein wenig mehr Gefühl zu verleihen. Fürchten Sie sich sehr – wir haben sonst nichts.

Häufige Opfer	Berühmte Fälle	Größte Feinde	Fortbildung	Verwandte Ängste
• Satanisten • Arschlöcher *(auf dem Sterbebett)* • Atheisten *(dito)* • Protestanten *(sowieso)*	• Hiob • Berti Vogts • Satan • Matthias Claudius	• Gottes Liebe • Atheismus • Alzheimer • Sonnenschein • Drogen*	• »Dämon« *(Gregory Hoblit)* • »Dogma« *(Kevin Smith)* • »O my god« *(The Police)* • »Johannespassion« *(Johann Sebastian Bach)*	• Angst vor dem Papst • Angst vor der Kirche • Angst vor Frauen

* Z.B. Weihrauch

ANGST VOR DEM BEIFAHRERSITZ
(Copilotophobie)

Beifahren ist immer furchtbar. Und zwar nicht nur auf dem Motorrad, sondern auch im PKW. Insofern löst jede bevorstehende Fahrt Ängste aus – und zwar auf beiden Seiten!

Wer selbst gern Auto fährt, wer womöglich grundsätzlich gerne die Kontrolle hat, wird auf dem Beifahrersitz furchtbar leiden. Denn eines ist klar: Er würde natürlich alles anders machen als der Fahrer. Der falsch schaltet, zu spät beschleunigt oder zu früh, zu grob ein- und auskuppelt, zu hochtourig fährt oder zu untertourig, zu früh ausschert oder zu spät. Grundsätzlich ist er zu schnell oder zu langsam, wie auch die Musik zu laut ist oder zu leise. Oder einfach nur schlecht. Und die Klimaanlage ist auch falsch eingestellt.

Der Fahrer macht einfach alles falsch. Der Beifahrer darf dies allerdings nicht zu intensiv thematisieren, da er dann entweder aus dem Wagen geworfen wird und die Reise womöglich per Anhalter wird fortsetzen müssen – ein Albtraum. Oder, noch schlimmer: Er muss mit der Bahn fahren! *(siehe: Angst vor der Eisenbahn)* Oder am schlimmsten: Er darf im Wagen bleiben, muss aber ertragen, dass er mit seinen Bemerkungen den Fahrer derart verunsichert und/oder aggressiv gemacht hat, dass ein Absprung während der Fahrt irgendwann als attraktive Option erscheint.

Also muss man sich überwinden: Man darf den grausamen Fahrstil und die schreckliche Musik nicht thematisieren, sondern muss lustige Anekdoten und Witze erzählen, sich über Politik oder über das Fernsehen aufregen o.Ä. Schlimmstes Fehlverhalten seitens des Fahrers dagegen muss schöngeredet werden, um ihn bei Laune zu halten und damit das eigene Überleben zu sichern.

Fürchten muss sich aber auch der Fahrer – davor, dass er keinen derart flexiblen und dienstbaren Copiloten an Bord hat. Insbesondere für Menschen, die ihre Beifahrer per Mitfahrzentrale suchen, ist das ein Glücksspiel. Im Idealfall hat der Begleiter den Charakter eines guten Hörbuchs: Riecht nicht, raucht nicht und hält auf angenehme Weise wach. Und im Gegensatz zum Tonträger zahlt er sogar noch dafür! Sollte es sich aber um einen Kontrollfreak handeln, wird der die geforderte Rolle nicht spielen, sondern macht die Fahrt zum Höllentrip. Ein solcher Macher fühlt sich nämlich ohne Lenkrad wie ein Clown. Wer am Steuer sitzt, ist der König. Der Beifahrer ist der Narr.

Wer nicht unter Kontrollzwang leidet, keine Fahrleidenschaft besitzt und daher nicht zwanghaft selbst steuern muss, sondern gern auch mal andere unterhält, wird sich auf dem Beifahrersitz vielleicht sogar wohlfühlen. Fürchten kann er sich dennoch: weil er in diesem Falle sicherlich unerfahren ist – im wahrsten Sinne des Wortes. Aufgrund seiner zu geringen Laufleistung wird ein solcher Beifahrer nämlich überfordert sein von der seltsamen Perspektive seines Platzes: Ein Überholmanöver wirkt auf der dem schlingernden polnischen Schwertransporter zugewandten Seite des Fahrzeugs deutlich bedrohlicher als vom Lenkrad aus.

Erst recht eine Gebirgsfahrt wird aus diesem Blickwinkel zu einem Erlebnis, da der Beifahrer in den Abgrund blickt, der Fahrer nicht. Das sind die einzigen Momente, in denen auch ein

schweigsamer, übermüdeter oder schlecht gelaunter Mann am
Steuer plötzlich seinerseits beginnt, Witze zu erzählen und den
Gipfel der charmanten Unterhaltung zu erklimmen – parallel zu
den Serpentinen. Lassen Sie sich davon nicht beeindrucken, sondern genießen Sie den Blick in die Tiefe!

Häufige Opfer	Berühmte Fälle	Größte Feinde	Fortbildung	Verwandte Ängste
• Frauen • Männer • Kinder • Fahrlehrer	• Daniel Craig • Dennis Hopper	• Motorrad • Volvo • ADAC • Gokart • Drogen	• »You can sleep while I drive« *(Melissa Etheridge)* • »The Hitcher« *(Dave Meyers)* • »Alarm für Cobra 11«	• Angst um den Vergaser • Angst vor der Tiefe • Angst vor der Technik • Angst vor polnischen Fernfahrern

ANGST VOR ÖFFENTLICHEN TOILETTEN
(Latrinophobie)

Die Angst vor öffentlichen Toiletten ist bei den meisten Menschen vor allem eine soziale: Fremde Menschen können einen unserer intimsten Vorgänge belauschen. Auf Herrentoiletten kann man ihn sogar sehen, befinden sich die Sichtblenden zwischen den Pissoirs doch meist in Kniehöhe. Hier geht es wohl weniger darum, einander nicht beobachten zu können, sondern vielmehr darum, urinales Überspringen und daraus entstehende chemische Reaktionen zu vermeiden.

Diskretion ist leider in öffentlichen Toiletten häufig unmöglich – wer einmal in der Kabine einer Autobahnraststätte auf dem leichtfertig mitgeführten Mobiltelefon ein geschäftliches Telefonat entgegennehmen musste, weiß, wovon hier die Rede ist. Und auch der Gesprächspartner wird danach bestens über die Peristaltik des Kabinennachbarn unterrichtet sein.

Die zweite Angst ist eine hygienische: Unangenehm ist es, sich mit nackter Haut auf Gegenstände von unklarem Sauberkeitszustand zu setzen oder sie berühren zu müssen. Gut ausgebildete Phobiker warten daher, bis andere die Toilettentür öffnen, um durchzuschlüpfen. Oder entwickeln spezielle Techniken, um mittels Ellenbogen oder Handballen die Klinke zu bedienen. Oder führen Handschuhe mit.

Ein hohes Angstniveau beweist auch die Angewohnheit, Toilettenpapier auf die Brille zu legen, um sich auf diese Weise vor Infektionen zu schützen. Diese Blättchen haften allerdings nach dem Aufstehen hartnäckig am Hinterteil oder an den Schuhen und legen für alle Welt sichtbar Zeugnis ab von der eigenen Phobie. Spezielle Klobrillendesinfektionstücher sind ebenfalls ein wunderbares Requisit für Angstpatienten *(siehe: Angst vor Krankenhäusern)*.

Auch die ökologisch angeblich einwandfreien wasserlosen Toiletten sind gefährlich. Nicht nur, dass viele ältere Männer brutale Schmerzen fürchten müssen, da sie ohne das Geräusch fließenden Wassers ihre Prostata nicht motivieren können, das WC also unverrichteter Dinge wieder verlassen müssen – im sicheren Bewusstsein, dass es ihnen hinterher schlechter gehen wird als vorher. Auch der Vorgang des Hände»waschens« verkommt hier zu einer sinnlosen Aktion. In amerikanischen Schnellrestaurants gibt es aus ökologischen Gründen weder Wasser noch Flüssigseife noch Papierhandtücher. Man hält also seine Hand mit einem Sud, der aus drei Flocken Seifenpulver aus dem Spender und drei Tropfen Wasser aus dem Hahn (siehe: Angst vor Hühnern) *gebildet wurde, unter das Gebläse des Trockners. Danach sieht sie aus wie etwas, das man auch im Drive-in bestellen kann. Vor allem aber hat man nach dem Waschen klebrigere Hände als vorher und möchte keinesfalls jemals wieder irgend etwas berühren, schon gar nicht die Türklinke. Man fühlt sich wie ein Kaugummi unter der Schulbank, wie ein wandelnder warmer Bakterienherd. Die Angst vor dem Waschen (Ablutophobie) ist hier völlig angebracht.*

Hygienische Mängel auf öffentlichen Toiletten wecken die Furcht, sich eine Krankheit zuzuziehen. Leider fällt es den meisten von uns mangels entsprechender Ausbildung schwer, sicherzustellen, dass beim Verlassen des Toilettenraums (»so, wie Sie ihn vorzufinden wünschen«) keinerlei Bakterien oder Viren an

Wasserhahn, Toilettensitz oder Türklinke verblieben sind. Deshalb sieht man immer öfter Fahrgäste, die ihren eigenen Putzeimer nebst Desinfektionsmitteln mit in den Zug nehmen. In der 1. Klasse führt man zusätzlich gern die eigene Putzfrau mit.

In Einkaufszentren dagegen wird jede Toilette durch mehrköpfiges Wachpersonal meist polnischer Herkunft gesichert, das auch schon dabei beobachtet wurde, wie es unrein wirkende Gäste einer chemischen Grundreinigung unterzog, bevor der Zutritt gestattet wurde. Diese und weitere Zwangsmaßnahmen lassen sich nur dadurch vermeiden, dass man einen finanziellen Obolus im oberen zweistelligen Bereich leistet. Es handelt sich hierbei um eine Art »Schmutzgeld«. Die räuberische Erpressung ist ein weiterer angstmachender Bestandteil öffentlicher Bedürfnisanstalten. Die Notdurft ist ein florierender Markt geworden.

Grundsätzlich muss in Deutschland jede Einrichtung, die Getränke ausschenkt, den Kunden die Möglichkeit geben, diese auch kostenlos wieder loszuwerden. Mittlerweile aber gibt es nur noch »Shopping Malls«, »Take aways« und »Do not stay here's«. Keines der dort eingerichteten Restaurants, Coffee Shops, Cafés und Bäckereien verfügt noch über eine eigene Toilette. Vielmehr teilen sich alle ein »Cleaning Center« oder eine »Kacking Mall«, passenderweise meist im Untergeschoss. Es handelt sich dabei um einen Glaspalast mit Drehkreuzen und Sicherheitssperren wie am Kanzleramt. Dort muss man dann doch bezahlen. Nicht umsonst spricht man vom »großen Geschäft«: Der Kunde ist nicht König, sondern er hat Druck. Er muss. Eine hervorragende Voraussetzung für einen satten Gewinn.

Perfektioniert hat dieses Business natürlich »Sanifair«, ein extrem entwürdigendes und zudem sexistisches Gutscheinsystem an den deutschen Autobahnraststätten. Frauen gehen bekanntlich erst zur Toilette, trinken danach Kaffee und können so den am Drehkreuz erhaltenen Gutschein bei der Bezahlung einsetzen. Wir Männer machen das leider umgekehrt: Wir trinken erst Kaffee, zahlen und gehen dann pinkeln. Um anschließend dumm mit dem Gutschein vor der Tür zu stehen. Geschäftsreisende mit einer Laufleistung von jährlich mehr als 12 000 Kilometern bringt das zur Verzweiflung. Es soll schon Männer gegeben haben, die ihre Familien sonntags auf die Autobahnraststätte Vierwinden, Pforzheim oder Darmstadt zum Essen ausgeführt haben. Und, wenn die Rechnung kam, einen Koffer mit Sanifair-Bons herausholten, ihn der Kellnerin in die Hand drückten und sagten: »Der Rest ist für Sie!«. Leider mussten sie bei der Gelegenheit feststellen, dass diese sogenannten Gutscheine nur etwa zehn Minuten gültig gewesen waren.

Der Druck bei der Nutzung öffentlicher Toiletten ist immens, nicht nur, aber auch finanziell. Ein echter Geizkragen wird daher am Bahnhof schnell in einen wartenden Zug springen, um auszutreten. Weil das noch umsonst ist. Allerdings geht er dabei das Risiko ein, den Zug nicht rechtzeitig wieder verlassen zu können. Für Angstanfänger mag dies aber eine akzeptable Ausgangsübung sein.

Häufige Opfer	Berühmte Fälle	Größte Feinde	Fortbildung	Verwandte Ängste
• Fussballfans • Volksfest- besucher • Regionalzug- Benutzer • Frauen	• Pontius Pilatus • Titus* • Monk	• WC-Ente • Wohnmobil • Stehpinkler • Drogen • Clean-Sein • Zuhause bleiben	• »Der einzige Zeuge« *(Peter Weir)* • »I'm so excited« *(Pointer Sisters)*	• Hypochon- drie • Angst davor, eine Erektion zu sehen, daran zu denken oder eine zu haben

* Titus: Sohn des Vespasian; hatte Bedenken gegen Vaters Latrinensteuer und erhielt zur Antwort »Pecunia non olet« (Geld stinkt nicht).

ANGST VOR DEM ALTERN
(Gerontophobie)

Die Angst vor dem Altern wächst interessanterweise parallel zu unserer Lebenserwartung. Da Jugendlichkeit und Makellosigkeit zu Fetischen unserer Kultur geworden sind, mutet es grausam an, dass immer mehr Menschen immer länger bleiben und der eigenen stetigen Entwertung teilweise jahrzehntelang ohnmächtig beiwohnen müssen. Denn bekanntlich steht die deutsche Alterspyramide auf dem Kopf. Wir sterben aus – aber eben nicht schnell genug.

Um die Angst vor dem Altern auszubilden, sollte man sich die fortschreitende Gerontisierung unseres Landes im Detail vor Augen führen. Sehr effektiv ist der Besuch von Orten wie z. B. Emmerich – eine von mittlerweile vielen Städten in Deutschland, in denen die Zahl der Rentner die der noch fortpflanzungs- und gehfähigen Einwohner übersteigt; insbesondere durch Ansiedlung von betreuten Wohnanlagen, Altersheimen und Seniorenstiften. Paradoxerweise ist die Investition in das Alter für viele Städte die einzig noch zukunftsträchtige, handelt es sich doch bei Rentnern um die einzige wachsende Bevölkerungsgruppe. Nur hier sind noch Subventionen abzugreifen.

Wer sich durch solch einen Ort bewegt, das Röcheln aus den Hausfluren auf sich wirken lässt und die vergessenen Rollstuhlfahrer in den Parks, wer die Gespräche des Betreuungspersonals in der Raucherpause belauscht und einmal ein Rollatorenrennen besucht hat, der wird Angst vor dem Altern empfinden. Die weiter zu erwartenden Kürzungen im Renten-, Pflege- und Gesundheitsbereich machen diese Vorstellung noch wesentlich furchtbarer *(siehe: Angst vorm Kommunismus; Angst vor Krankenhäusern)*.

Altern ist für den Menschen zunächst einmal schlicht unangenehm, ist es doch mit vielen praktischen Nachteilen verbunden. Die körperliche Leistungsfähigkeit lässt nach. Und die Attraktivität auch. Männer können das noch eine zeitlang durch Status- und Machtsymbole kompensieren (Mercedes, Mitgliedschaft im Golfclub, Goldene Wandernadel), aber irgendwann hat sich ihre Impotenz doch herumgesprochen. Dann verwahrlosen sie schnell, tragen uralte Trainingsanzüge und müssen ertragen, dass aus ihrem Körper überall Flüssigkeiten austreten. Und zwar ohne Lustgefühle. Kein schönes Ende, aber wenigstens ein vergleichsweise schnelles.

Frauen dagegen müssen länger bleiben. Bzw. dürfen. Während der Ehe haben sie von Geld und Macht meist nicht viel. Zumindest sind Lustreisen für Frauen bisher eher als Wachstumsmarkt zu bezeichnen. Aber sie können warten. Bis sich das Problem auf natürliche Weise löst. Wenn der Mann versichert war, blühen sie nämlich im Alter noch mal richtig auf. Dann bereisen sie die Welt, buchen Schönheits-Operationen, besuchen Malkurse und spielen Tennis. Bzw. das, was sie dafür halten. Sie können es sich jetzt leisten, ihre Kinder zu besuchen und denen mit völlig veralteten Erziehungstipps auf die Nerven zu gehen. Gerne verbringen sie auch das Wochenende bei der Floristin und halten diese mit Diskussionen über die Schaufensterdekoration von der Arbeit ab.

Über körperliche oder soziale Defizite im Alter trösten sich Frauen in aller Regel durch systematische Erniedrigung ihrer

Umgebung hinweg. Gerne rammen uns alte Damen im Supermarkt den Einkaufswagen in die Hacken oder im Bus ihren Spazierstock in die Ferse. Das macht ihnen Freude und es sei ihnen gegönnt. Fürchten muss man sich deshalb vor ihnen noch lange nicht. Viel größer sollte in diesem Falle die Angst sein, eines Tages selbst so zu werden.

Hüten muss man sich allerdings vor alten Frauen in Machtpositionen. Den Anblick von Sabine Christiansen, Friede Springer und Liz Mohn zum Beispiel werden wir nie vergessen, als sie im Bundestag vor aller Augen nach der Vereidigung von Angela Merkel mit Sekt anstießen, weil es ihnen gelungen war, eine Gremlin zum Kanzler zu machen. Das war unverhohlener Sadismus. Und der macht Angst.

Häufige Opfer	Berühmte Fälle	Größte Feinde	Fortbildung	Verwandte Ängste
• Schauspieler • Sänger • Models • 68er	• James Dean • Cher • Lothar Matthäus • Silvio Berlusconi	• Tod • Nachwuchs • Drogen* • Schönheits-OP	• »Wer früher stirbt, ist länger tot« (Martin H. Rosenmüller) • »Against the wind« (Bob Seger)	• Angst vor dem Tod • Angst vor Gerüchen • Angst vor Öffentlichen Toiletten

* Z.B. *Klosterfrau Melissengeist* oder *Asbach Uralt*

ANGST VOR COMPUTERN
(Logiozomechanophobie)

Obwohl sie mittlerweile seit Jahrzehnten unser Leben prägen, haben viele von uns Nutzern (früher: Menschen) nach wie vor Angst vor Computern. Das ist nicht nur eine Frage des Alters: Auch viele Teenager sorgen sich um ihr Erbe, weil die Geburtstagsparty qua sozialem Netzwerk plötzlich zum Massenevent wurde und Hunderte wildfremde Jugendliche das Eigenheim der Eltern in eine Müllhalde verwandelten.

Grund für die Computer-Angst ist meistens Unwissenheit. Viele mechanisch-technische Vorgänge in unserer Umwelt können wir zumindest grob erklären: Heizung, Strom, Rolltreppe. Bei Computern allerdings hört der Spaß auf: Deren Programmierung zu verstehen, überfordert denn doch das Hirn der meisten Menschen. Angeblich geht es zwar nur um Eins oder Null. Praktisch allerdings sieht so ein Quellcode genauso aus, wie der Name klingt: sprudelnde Zahlen und Buchstaben, die irgendeinen Scheiß ausdrücken sollen. Um daraus auch nur den Hauch einer Botschaft zu ermitteln, bräuchte man eine Decodierungsmaschine wie die berühmte Enigma. Und womöglich wäre die Information dann trotzdem falsch; beispielsweise läsen wir, dass die Amerikaner keineswegs eine Invasion planen oder dergleichen. Weil wir die Funktionsweise eines Computers überhaupt nicht verstehen, spekulieren wir: was der Rechner denn jetzt wieder macht, warum er sich aufhängt, ob er denn immer übertreiben muss etc. pp. Und natürlich – was mit den Informationen geschieht, über die er verfügt.

Gerne stellen wir uns aufgrund unseres mangelnden Verständnisses einen Computer als Persönlichkeit vor, mit entsprechendem Eigenleben. Dieses Wesen spricht allerdings nicht mit uns, bleibt unberechenbar und fordernd und wird uns bei Fehlverhalten furchtbar strafen (siehe: Angst vor Gott). *Männer empfinden interessanterweise ihren Rechner dabei meist als weiblich und belegen ihn mit den Attributen zickig und unlogisch, sie fühlen sich von ihm grundlos aufgehalten. Frauen bezeichnen Computer meist als männlich, als stur und unzugänglich, bar jeder Empathie. Beide haben recht, denn der Computer ist nachgewiesenermaßen bisexuell. Da darf sich jeder seinen persönlichen Albtraum zusammenstellen – das nennt man Open Source.*

Mittlerweile ist es für die meisten unvorstellbar geworden, ohne Computer zu leben. (Aber insgeheim beneiden wir die Rentnergeneration, die noch ohne durchgekommen ist.) Etliche allgemein relevante Informationen sind außerhalb des Internets gar nicht mehr zugänglich, viele Tätigkeiten können analog gar nicht mehr ausgeübt werden. Eine solche Abhängigkeit ist stets ein hervorragender Nährboden für Befürchtungen jeder Art. Wir kennen die Angst, vom Rechner überfordert und deswegen nicht arbeitsfähig zu sein; oder durch Datenmissbrauch manipulierbar zu werden bzw. den Schutz der Privatsphäre zu verlieren. Und die Angst, generell von der Außenwelt abgeschnitten zu werden – entweder, weil man sich nicht informieren oder aber nicht kommunizieren kann. Ebenfalls weit verbreitet ist die Sorge, dass die bereits seit dem Kindergarten mit den modernen Medien vertrauten Kinder mit der elterlichen Kreditkarte ein Flugzeug ersteigern. Und zwar bei einem russischen Ölmagnaten, der in der

Presse als extrem humorlos beschrieben wird und seine Millionen auf bestenfalls halblegale Weise erworben hat. Außerdem kennen wir noch die Angst, in den sommerlichen Mittagsstunden während der Arbeit mit der Stirn auf die Tastatur zu prallen. Und die Angst, viel Geld zu investieren für ein mobiles Endgerät, aber dann doch auf dem Busbahnhof Gießen-Lützellinden zu stehen und keinen Empfang zu haben. Alles umsonst: Das ist die Angst verheißende Botschaft des Computers.

Logiozomechanophobie wird uns leicht gemacht, da Computer zumeist tatsächlich unintuitiv aufgebaut und schwer zu bedienen sind; die Software ist oftmals lückenhaft konstruiert. Dreisterweise wird es aber zur Philosophie erklärt, die Kunden die Fehler finden und womöglich gar beseitigen zu lassen – »Bananensoftware« heißt das dann: »Reift beim Anwender«. Gleichzeitig wird uns aber suggeriert, wir selbst seien inkompetent. Im Bereich der Computertechnologie ist extremes Posing angesagt, gerade begrifflich. Ausdrücke wie z. B. »Prozessor«, »Laufwerk« oder »Druckertreiber« vermitteln ein Gefühl von Arbeitslager. Wenn man einen Drucker kauft, darf man eben nicht erwarten, dass der druckt. Er braucht noch jemanden, der ihn treibt. Vorstellungen wie diese setzen den Logiozomechanophobiker noch zusätzlich unter Strom.

Viele Probleme mit Computern sind ausschließlich sprachlicher Art. Wer beispielsweise christlich erzogen wurde, hat bezüglich technischer Innovation natürlich ein gewisses Handicap. In unserer evangelischen Familie jedenfalls war klar, dass es nur ein PowerBook gibt, das hält, was es ver-

spricht: die Bibel. Und zu Weihnachten wurde immer dasselbe Album von James Last aufgelegt, nämlich »Christmas Dancing«. Das war unsere Festplatte!

Der Generation, die heute mit Computern arbeitet (und deren Kinder bereits mit einer USB-Schnittstelle zur Welt kommen) wurde damals, in den Siebzigern, so gut wie kein Knowhow vermittelt. Im Gegenteil: Computer war Geheimfach. Die Dinger hießen zu der Zeit noch »Rechner« und waren auch welche. Sie waren riesengroß, konnten nur die Grundrechenarten und brauchten in der Schule einen eigenen Raum. Der war nur für die Physik-Lehrer zugänglich – und für die Mitglieder ihres Leistungskurses, die Hänger der Jahrgangsstufe. Die hatten ungewaschene Haare und Glubsch-Brillen und trugen seltsame Sweat-Shirts. Dieser Begriff passte: Sie rochen, ohne Sport zu treiben.

In den Achtzigern dann machten aber plötzlich immer mehr Leute in Computer. Nicht im gegenständlichen Sinne natürlich. Aber »Informatik« wurde ein Allerweltsstudium. Wirtschaft, Verwaltung, alle suchten händeringend Computerfachleute. Bis zuletzt auch alle vom Arbeitsamt nicht vermittelbaren Physiker umgeschult wurden auf »Systemanalytiker«. Und damit kam die große Zeit der Schwitzhemdträger. Denn jetzt wurden sie gebraucht. Und ihre Rache war furchtbar.

Die Spezialität sogenannter ITler besteht bis heute einfach darin, andere zu erschrecken. Mit z. B. klassischen Windows-Formulierungen wie: »Unbekannter Ausnahmefehler«. Genau genommen eine unverschämte Formulierung: Gerät, Hersteller und Programmierer tun so, als wüssten sie von nichts. Dass ihnen der Fehler nicht bekannt ist, ist keineswegs Zeichen eigener Inkompetenz, sondern seiner absoluten Ausnahmestellung. Und Grund für sein Auftreten ist die abnorme Verhaltensweise des Anwenders. Man bekommt immer das Gefühl vermittelt, man sei selbst schuld. Als sogenannter unbekannter Ausnahme-Anwender. Als User-Loser. Als DAU (Dümmster Anzunehmender User). Mit dem Ergebnis, dass viele Menschen Angst haben, überhaupt noch professionellen Support in Anspruch zu nehmen.

Ein Informatiker aus dem Bekanntenkreis wird Ihnen allerdings ebenfalls ein schlechtes Gewissen machen, weil Sie ihn in seiner Freizeit mit solchen Bagatellen behelligen und auch noch erwarten, dass er umsonst tut, was Sie mit ein wenig mehr Mühe selbst hätten erledigen können. Nach drei Stunden völlig unverständlicher Maßnahmen seinerseits und dem Verzehr von drei Flaschen Cola wird er kopfschüttelnd und unverrichteter Dinge wieder abziehen und den Kontakt zu Ihnen abbrechen. Das Gerät wird nach seiner Behandlung allerdings noch heterogener reagieren als zuvor.

Besonders beliebt ist auch das Phänomen, dass ein gebrauchter Computer jahrelang fehlerfrei funktioniert hat. Erst nachdem Sie ihn erworben haben, stellt er den Dienst ein. Eine herrliche Frustration: Das *muss* man einfach persönlich nehmen. Ihre Ängste werden sich dadurch noch steigern und ergänzt werden durch das wunderbare Gefühl, nicht mehr zukunftsfähig zu sein und demnächst aussortiert zu werden. Hier tun sich neue Möglichkeiten auf: Arbeitslosigkeit – Depression – einsamer Tod.

Häufige Opfer	Berühmte Fälle	Größte Feinde	Fortbildung	Verwandte Ängste
• Hausfrauen • Bahn-mitarbeiter • Rentner • Liedermacher • Christ-demokraten	• Reinhard Mey • George Clooney • Iris Berben • Karl Lagerfeld*	• Bahnschalter • Spaziergänge • Handarbeit • Gespräche • Handschrift • Drogen	• »War Games« *(John Badham)* • »The Mercury Puzzle« *(Harold Becker)* • »Dark Star« *(John Carpenter)* • »Computerliebe« *(Paso Doble)* • »2001 – Odyssee im Weltraum« *(Stanley Kubrick)*	• Angst vor Bildschirmen • Angst vor Arbeit • Angst vor dem Altern • Angst vor Technik

* Und das, obwohl er ein Blackberry, einen iPod und ein Facebook geschenkt bekommen hat – alle aus weißem Gold.

ANGST VOR FREMDEN
(Xenophobie)

Die Angst vor Fremden ist in Deutschland tief verwurzelt. Schließlich ist unsere Region seit Jahrhunderten Transitstrecke, in alle Richtungen. Hier wollten immer schon alle durch: Kimbern und Teutonen, Holländer und Polen, Volvo und Renault. Durch unsere kontinentale Mittellage waren wir immer schon in Kontakt mit allerlei Fremden.

Die Grundlage für die Furcht vor ihnen ist uns dennoch nicht abhanden gekommen: Unwissenheit. Man kann die Fremden nicht einschätzen, weil man ihre Herkunft nicht kennt, den Ort ihrer Geburt oder ihre Eltern, ihre Geschwister oder dergleichen. Auch weiß man nicht, was sie essen oder trinken – und wie. Und versteht ihre Sprache nicht. All diese Faktoren verunsichern zutiefst.

Zum anderen weiß man nicht, wieviele von den Fremden noch kommen. Oder ob sich die bereits Anwesenden nicht schneller vermehren als man selbst. In beiden Fällen geriete man zügig in die Minderheit und wäre nicht mehr Herr im eigenen Haus. Man stelle sich vor, es wandern am Ende auch noch Sarazenen, also Araber, ein und werden hier Bundesbankvorstand und Bestsellerautor!

Um dies zu vermeiden, versuchen wir, den Zutritt zu unserem Land zu erschweren oder zumindest die dauerhafte Niederlassung sogenannter Ausländer zu verhindern. Allerdings mit mäßigem Erfolg. Wenn man keine Fremden will, muss man in die Schweiz ziehen. Die nehmen nur niemanden auf ...

In Deutschland beschränkt man sich daher darauf, den Zugereisten und Zuwanderern das Leben schwer zu machen. Durch Beleidigung, Bedrohung oder behördliche Willkür. Allerdings reichen selbst Rassismus und Armut meist nicht aus, um den sogenannten Zuwanderern eine Rückkehr in die Heimat schmackhaft zu machen, da die Lebensbedingungen hierzulande trotzdem noch einladender sind als in den meisten anderen Ländern der Welt. Lediglich das schlechte Wetter und unsere Cherophobie (Angst vor Fröhlichkeit) fallen negativ ins Gewicht. Kein Vergleich allerdings zu Hinrichtung, Folter oder Zwangssterilisation.

Seit der sogenannten Völkerwanderung sind wir Deutschen aber auch immer wieder mit größeren oder kleineren Gruppen in unsere Nachbarländer eingefallen. Vermutlich, um unsere Angst vor der Fremde zu überwinden, unterwerfen wir – in Form des militärischen Einmarschs oder durch den sogenannten Tourismus – mittlerweile auch weiter entfernt liegende Regionen. Zu einem größeren Verständnis dieser fremden Kulturen hat uns das bekanntlich nicht geführt. Allerdings haben wir im Ausland durch unser Sozialverhalten, unsere Kleidung, unser Auftreten und unseren Alkoholkonsum unsererseits Fremdenangst ausgelöst. Quid pro quo.

Häufige Opfer	Berühmte Fälle	Größte Feinde	Fortbildung	Verwandte Ängste
• Deutsche • Sachsen • Dummköpfe	• Schweizer • Methusalix* • Edmund Stoiber**	• Urlaub • Neugier • Hunger • Integration • Ausländische Drogen	• »Pale Rider« *(Clint Eastwood)* • »Ein Fremder in deiner Wohnung« *(Bernd Begemann)* • »Strangers in the night« *(Frank Sinatra)*	• Angst vor dem Aussterben *(Sarrazinophobie)* • Angst vor Impotenz • Angst davor, eine Erektion zu sehen, daran zu denken oder eine zu haben

* »Ich habe nichts gegen Fremde. Einige meiner besten Freunde sind Fremde. Aber diese Fremden sind nicht von hier.«

** Stoiber warnte einst vor der »Durchmischung und Durchrassung unserer Gesellschaft«.

ANGST VOR EISENBAHNEN
(Amakophobie)

Mittlerweile hat sich die Erkenntnis durchgesetzt, dass der Mensch auch bei mehr als 80 km/h durchaus nicht, wie noch 1835 prognostiziert, seine Seele verliert. Der Gedanke an eine Zugfahrt löst bei den meisten Menschen daher keine Angstanfälle mehr aus. Auch die stetig zunehmenden Geschwindigkeiten des Transportmittels spielen kaum noch eine Rolle.

Das liegt daran, dass Zugtechnik als weitestgehend zuverlässig gilt; trotz der seltsamsten Geräusche und Gerüche in Lüftungsanlage, Trieb- oder Speisewagen, dubiosen Zwischenhalten auf freier Strecke o.Ä. bleiben die Fahrgäste meist gelassen. Das ist völlig unverständlich, sorgt doch der finanzielle Druck auf die Deutsche Bahn bekanntlich für Sparzwänge: Material, Ersatzteile und -züge, Ausbildungsqualität und Wartungsrhythmen sind mittlerweile deutlich unterhalb der Sorgfaltsgrenze. Hier schlummert ungenutztes Panikpotential. Liebe Leserinnen und Leser, da geht mehr!

Auch Klaustrophobie tritt im Zug eher selten auf – ein Wunder eigentlich, geht es doch oft sehr eng zu im Waggon. Insbesondere freitags drängen ja immer Rentner in die Fernzüge. Mit 60-Kilo-Trolleys, aber ohne Platzreservierung. Oder mit einer für den falschen Zug. Und haben dann weder Kraft noch Raum, um ihr Gepäck zu verstauen. Volk ohne Kofferraum – das kennen sie ja noch aus der Schule. Hier aber ist die Enge unbestreitbar, insbesondere, wenn zeitgleich auch noch der zwölfköpfige thüringische Junggesellinnenabschied auf der Rückreise vom Skiausflug mit der Palette Rotkäppchen-Sekt den Zug betritt. Oder die Bundeswehrsoldaten aus Afghanistan auf Heimaturlaub, die als Andenken für ihre Familien gerne die eine oder andere Schafherde im Gepäck haben. Garniert wird das dann von australischen Studenten auf Europareise, die noch entspannt auf dem Bahnsteig die eine oder andere Tüte rauchen und im letzten Moment den Zug bespringen, um sich mit ihren Wollsocken und ihrem Rucksack einfach oben auf alle draufzulegen. Daher kommt es in Zügen der Deutschen Bahn oftmals zu kompakten Konglomeraten aus Butterbroten, Laptops, Regenjacken, Didgeridoos und senilem Fettgewebe. Keiner weiß mehr, wo er selbst sitzt, wo er hinsoll und wie er sich in welche Richtung bewegen kann, ohne anderen irreparable Schäden zuzufügen.

Das Zugpersonal geht der klaustrophoben Situation in aller Regel aus dem Weg und schließt sich an Freitagen dauerhaft im Dienstabteil ein. Das ist bedauerlich, könnten die Mitarbeiter hier doch noch einiges zur Eskalation beitragen. Mit nicht gültiger Fahrkarte auf freier Strecke aus dem Zug geworfene minderjährige Kinder, wie unlängst in Mecklenburg-Vorpommern durch einen bei der Deutschen Bahn untergekommenen ehemaligen Stasi-Offizier praktiziert, können nur der Anfang sein. Hier muss mehr Einsatz gezeigt werden, auch durch die geneigten Leser, die gerne wesentlich aggressiver gegen Mitreisende vorgehen könnten. Auch das Denunzieren von Schwarzfahrern ist leider einer mitleidigen Toleranzmasche gewichen.

Die einzige wirklich nennenswert verbreitete Angst vor der Eisenbahn ist eine sehr diffuse, existentialistische, die sich primär auf das Ausgeliefertsein als Fahrgast bezieht. Man scheint sein

Leben nicht mehr selbst in der Hand zu haben: Aussteigen, anhalten, frische Luft schnappen, die Aussicht genießen – all das, was eine Reise schön macht, ist nicht möglich. Zumindest nicht dann, wenn man selbst es will. Viele Menschen fühlen sich daher von ihrem Verkehrsmittel bevormundet.

Zum Beispiel sind Raucher nach Inkrafttreten des Nichtraucherschutzgesetzes und der daraus folgenden Abschaffung der Raucherwagen darauf angewiesen, unmittelbar nach dem Zusteigen das Faltblatt »Ihr Reiseplan« zu studieren. Und zwar daraufhin, ob und wo der Zug länger als drei Minuten hält. Jeder Aufenthalt in Hamm beispielsweise kommt einem Nichtraucher vor wie eine Ewigkeit. Faktisch dauert er aber meist sieben Minuten – zur Freude der Nikotinabhängigen. Diese rennen dann hektisch zur Tür, um zu quarzen. In erniedrigender Pose: das Raucherbein auf dem Bahnsteig, das gesunde noch im Zug, damit sich die Tür nicht schließt und sie womöglich dauerhaft an diesem einsamen Ort im südlichen Münsterland zurückbleiben. Oder wenn, dann nur das lädierte Bein.

Derartige Ohnmachtskomplexe werden beim Bahnfahren gerne kombiniert mit sozialphobischen Elementen und übersteigertem Anspruchsdenken. Ergebnis: ein Fiasko. Bei jeder Zugfahrt haben wir wieder die Angst, dass sie nicht den eigenen Vorstellungen entsprechen wird, sowohl was den Platzanspruch angeht, als auch die Temperatur im Waggon, die Zusammenstellung der Speisekarte, die Preise, die Kleidung der Mitreisenden, ihre Art des Umgangs miteinander, ihre Lektüre – nicht zu vergessen die Pünktlichkeit. Auch privat Reisende setzen sich und die Bahnmitarbeiter dem höchstmöglichen Termindruck aus.

Das Einhalten der exakten Ankunftszeit ist von existenzieller Bedeutung. Man kann sich die Panik eines Paares vorstellen, das auf dem Weg zu seinen Enkeln ist und weiß, dass ihre Schwiegertochter sie für das ihrer Meinung nach sinnlose Warten auf einem zugigen Bahnsteig das ganze Wochenende mit Verachtung strafen wird.

Leider buchen sich viele Passagiere ihre Fahrkarten inzwischen selbst zuhause am Computer und berauben die Deutsche Bahn damit einiger ihrer schönsten Möglichkeiten, die Fahrt zu einem unvergesslichen Ereignis zu machen: Falsche Daten, verdrehte Zugnummern, zu kurze Umsteigezeiten o. Ä. – heute zählt leider nicht mehr, wofür die Schalterbeamten der Deutschen Bahn über Jahrzehnte hinweg mit höchster Zuverlässigkeit standen.

So kann uns dieses Unternehmen nur noch marginal helfen. Klimaanlagen zu sabotieren ist beispielsweise eine nicht sonderlich aufwändige, aber sehr effektive Maßnahme, nach deren Anwendung man Züge komplett aussetzen muss und damit etliche Passagiere in die heiß ersehnte Bredouille bringen kann. Auch der Einfall mit der abgeschraubten Tür, die während der Fahrt fliegenderweise ihren Platz verließ, muss als einfallsreich und schön gelobt werden. Toll ist es auch, unmittelbar vor Eintreffen des Zugs eine geänderte Wagenreihung oder ein anderes Gleis durchzusagen und damit die Rentner in Panik zu versetzen, die sich mit ihren Rollatoren bereits sechzig Minuten vor Abfahrt an der laut Wagenstandsanzeiger richtigen Stelle des Bahnsteigs platziert hatten.

Hier wird es sicherlich noch weitere Konzepte geben, die es uns ermöglichen, die Eisenbahn in angemessener Weise zu fürchten.

Da ist das Unternehmen auf einem guten Weg. Ohne Not beispielsweise einen Bahnhof in einer Großstadt unter die Erde verlegen zu wollen; damit dort die Bevölkerung gegen sich aufzubringen, Steuergelder zu verschwenden, Sicherheitsrisiken einzugehen – um dann letzten Endes einen wesentlich uneffektiveren und fehleranfälligeren Bahnhof zu haben als zuvor, erscheint als tragfähiges Konzept, das man auch in anderen Metropolen anwenden könnte.

Häufige Opfer	Berühmte Fälle	Größte Feinde	Fortbildung	Verwandte Ängste
• Komiker • Verkehrs-minister • Musiker • Vertreter • Autohändler	• Franz Becken-bauer • Thomas Mann • Wilhelm III. von Preußen*	• Auto • Preis-Leistungs-Verhältnis • Schweizer Bundesbahn • Drogen	• »Alarmstufe Rot: 2« *(Geoff Murphy)* • »Ridin' on a train« *(The Pasadenas)*	• Angst vor Technik • Angst vorm Fliegen • Angst vor öffentlichen Toiletten • Angst vor engen Räumen

* Wilhelm III. soll auf die Empfehlung, statt mit der Kutsche mit der neuen, viel schnelleren Eisenbahn nach Potsdam zu fahren, mit der entwaffnenden Frage reagiert haben: »Was soll ich vormittags in Potsdam?«

ANGST UM DIE KINDER
(Pädoauaphobie)

Mutter und Kind haben von Natur aus eine symbiotische Beziehung. Ursache dafür ist selbstverständlich der biologische Ernährungsvorgang im Mutterleib: Dort bildeten zwei Organismen eine Einheit. Eine solche Abhängigkeit ist eine wunderbare Voraussetzung, um zahlreiche elementare Ängste zu entwickeln und zu pflegen – in diesem Falle insbesondere die durchaus auch im gegenständlichen Sinne zu verstehende Trennungsangst. In den ersten Lebensmonaten ist die Sorge um das Kind natürlich berechtigt, da das Zusammen- oder aber Getrenntsein mit bzw. von der Gebärerin über das nackte körperliche Überleben eines Säuglings entscheiden kann. Niemand wird dies ernsthaft bestreiten. Aber auch in den folgenden Jahrzehnten kann die Bindung eng und damit die Angst vor deren Auflösung groß bleiben. Es wurden Frauen gesehen, die den Staatsexamina ihrer Kinder beiwohnten, um diesen in den Prüfungspausen die Brust geben zu können. Entwöhnung ist der größte Feind der Angst um die Kinder. Entbindung muss nicht zwangsläufig auch Abnabelung bedeuten!

Weit verbreitet ist der Erste-Hilfe-Rucksack, den viele moderne Mütter mit sich führen, wenn sie ihre Kinder zur Schule bringen (oder zur Arbeit): Traubenzucker, 3–7 Sorten homöopathische Kügelchen, Pflaster, Verbandsmaterial, Apfelstückchen, Trinkfläschchen, Selbstverteidigungsspray, Erste-Hilfe-Ratgeber, Ersatzhandy, 10–15 Notfallnummern, Wechselklamot-

ten, Wundsalben, Zahnbürsten und -pasten für den Fall einer notwendigen auswärtigen Übernachtung, dazu eigene Nachtwäsche und eine Flasche Rotwein, falls eines der Kinder ins Krankenhaus eingeliefert wird und Mutti dort ebenfalls übernachten muss. Oder einfach nur so, für das Schlückchen zwischendurch, auf den Schreck, falls dem Nachwuchs auch heute erstaunlicherweise wieder nichts zugestoßen ist. Was vor allem dem rund um die Uhr getragenen Helm zu verdanken ist. It's a jungle out there.

Natürlich haben Mütter zunächst Angst um ihre eigene körperliche Unversehrtheit, nicht nur um die des Kindes. Sie befürchten schlicht, mit der Geburt etwas von sich selbst zu verlieren, diesem ein Leben lang hinterherlaufen und sich um dessen Ernährung kümmern zu müssen. Einen Teil des eigenen Körpers nicht unter Kontrolle zu haben, ist ein unangenehmes Gefühl; das kennen viele auch von ausgelassenen Karnevalsfeiern oder von ihren Reisen in ferne Länder mit ungewöhnlichen Essgewohnheiten. Um sich auf das Wesentliche konzentrieren zu können, begraben manche Mütter den Mutterkuchen nach der Entbindung im eigenen Garten. Sie befürchten, den sonst auch noch einkleiden, einschulen oder verheiraten zu müssen.

Ihre Sorgen muss die Gebärerin unbedingt an die Kinder weitergeben, sie muss ihnen von klein auf signalisieren: Das Leben ist ein harter Keks, den keiner allein verdaut bekommt. Mutterlosigkeit ist gleichbedeutend mit Lebensgefahr – das ist das wunderbare Gefühl, mit dem jede Mutter ihr Kind auf die Lebensreise schicken sollte: Ohne mich stirbst du. Vor allem aber transportiert sie damit auch die Angst: Ohne dich sterbe ich! Dieses latente Schuldgefühl wird kein Kind ertragen.

Mütter betrachten den Nachwuchs gerne als eine Art freiwillig getragene Fußfessel: Jede räumliche Trennung löst Schmerzalarm aus. So ist nichts schlimmer für eine Mutter, als zu wissen, ihr Kind wird ein sogenannter Fahrschüler.

»Fahrschüler« heißt natürlich nicht, dass das Kind bereits im Alter von sechs Jahren seinen Führerschein macht. »Fahrschüler« ist ein insbesondere in Kleinstädten verbreiteter total abfälliger Ausdruck, eine beleidigende Beschreibung jener Kinder, die nicht mit dem Fahrrad oder zu Fuß zur Schule kommen können, sondern mit dem Bus geholt werden müssen. Als wären sie behindert. Oder, wie man es heutzutage politisch korrekt formuliert: »benachteiligt«. Dieser Ausdruck beschreibt den Zustand allerdings auch besser: Benachteiligt sind Fahrschüler definitiv. Es handelt sich nämlich meistens um die Kinder von Landwirten oder Ökomuttis, die, fernab von jeder Infrastruktur, in mehr oder weniger ausgebauten Bauernhäusern auf mehr oder weniger bewirtschafteten Höfen wohnen. Oder besser: hausen. Auf dem Land wird eher gehaust als gewohnt. Als Jugendlicher trifft man sich hier meistens abends an der Bushaltestelle.

Dort stehen diese »Fahrschüler« auch morgens, irgendwo im Nebel, im Nichts. Und warten darauf, dass man sie abholt. Sie befinden sich noch vor Tagesanbruch an einsamen, feuchten, kalten, dunklen Orten, an denen sonst niemals jemand anhalten würde, aus Angst, dass man ihn überfällt, vergewaltigt und viertelt. Und nach dem Unterricht, wenn alle anderen Kinder bereits wieder in den wohligen Schoß der Familie zurückgekehrt sind und Mutters Schnitzel genießen, sitzen »Fahrschüler« immer noch in der Schule in irgendwelchen Warteräumen und glotzen durch verdreckte Fensterscheiben – in der stillen Hoffnung, dass sie jemand holt.

Als »Fahrschüler« ist ihr Kind, so der Albtraum aller Mütter, stets und ständig allein unterwegs und permanent in Gefahr – fern der Heimat potentiellen Gewalttätern, der Willkür des örtlichen Nahverkehrs und dem Kalorienterror amerikanischer Schnellrestaurants hilflos ausgeliefert.

Viele Mütter ertragen das nicht. Meine Eltern beispielsweise wollten ihren Kindern dieses Schicksal unbedingt ersparen und sind extra aus einem hübschen Häuschen in den Hügeln in die kleine Stadtwohnung gezogen. Vergeblich. Die Angst wurde nur größer ...

Doch der Reihe nach: Mein Jahrgang war der letzte geburtenstarke: 1965. Danach ging es bergab mit den Zeugungsraten. Ein tolles Gefühl: Man kommt auf die Welt und schlagartig verlieren alle die Lust. Und sagen: »So, damit soll es dann auch genug gewesen sein.« Die Grundschulen meiner heimatlichen Kleinstadt aber waren wegen dieser Kinderschwemme zu der Zeit extrem überlastet, die Kapazitäten der dort tätigen Pädagogen erschöpft. So wurde die Einschulung der 65er zu einem besonderen Ereignis.

Der erste Schultag ist ohnehin nicht von schlechten Eltern; gerade der des Jüngsten, des Lieblings, des Nesthäkchens macht garantiert niemandem nie und nirgends wirklich Freude. Es ist hart, besonders für eine Mutter, auch das jüngste Kind der brutalen Obhut von Vater Staat übergeben zu müssen, gewissermaßen von Amts wegen zum Loslassen gezwungen zu werden. An diesem Tag biegen auch die Elternteile in die Zielgerade ein. Danach geht es für sie nämlich bergab. Bald werden sie nur noch zu zweit sein – und in Schussfahrt aufeinander zurasen.

Für das Kind ist es allerdings kein gutes Signal, wenn die Eltern in so einer Situation heulen. »Der Junge, jetzt ist er schon so groß ...!« Normalerweise ist man dann ca. einmeterzwölf! Soll man etwa aufhören zu wachsen?

Alle trafen sich vor der Grundschule. Alle Kinder. Viele Kinder. Zu viele! Die Klassen wurden zusammengestellt. Schnell wurde klar – es waren sechs. Die Grundschule aber bot nur Platz für vier. So musste meine Mutter plötzlich mit ansehen, wie wir überzähligen Kinder in einen Bus verfrachtet wurden. Was war das? War ihr Sohn jetzt etwa doch Fahrschüler? Vor allem wusste scheinbar keiner, wohin die Reise gehen sollte. Panik pur! Busse ins Nichts haben in Deutschland schließlich eine schlechte Tradition. Und die Rede ist hier nicht von Auswärtsfahrten nach Cottbus.

Da kamen schlimme Ängste hoch, der Trip mutierte zum Horror. Einer übertraf den anderen mit Schreckensvisionen: Vielleicht würden unsere Eltern ja für ihre zeugungstechnische Zügellosigkeit bestraft und man nähme ihnen ihre jeweils dritten Kinder weg?! Einer hatte gehört, dass man das in China so mache. Würden wir nach Amerika verkauft und müssten dort auf Baumwollfeldern arbeiten? Damals lasen wir schließlich noch »Onkel Toms Hütte«! Oder würden wir in der benachbarten Süßwarenfabrik arbeiten müssen, bis wir mit 15 einfach grußlos umfielen? Tod für Toffifee, wäre das unser Schicksal?

In Wirklichkeit war es fantastisch – jedenfalls für uns Kinder. Wir landeten nämlich keineswegs in einem Arbeitslager, sondern nur in der Grundschule des Nachbarortes Hörste. Klingt wie schwerhörig. Genau: benachteiligt. Denn warum dieser Vorort nicht unter der Überschülerung litt, war relativ offensichtlich: Dort war schon lange niemand mehr vorbeigekommen, um den Genpool aufzufrischen. Was auch zur Konsequenz hatte, das wir Stadtkinder in der Grundschule allesamt überragende Noten hatten. Im Vergleich zur inzestuös eingetrübten Dorfbevölkerung war das zwar keine besondere Leistung. Aber: eine aufbauende Erfahrung. Ich gehe daher bis heute gerne auf Tournee. Mein Elternhaus allerdings hatte zunächst große Mühe, mein aufkeimendes Selbstbewusstsein wieder zu ersticken. Hierzu empfehlen wir die Klassiker, mit denen Mütter ja schon seit Generationen erfolgreich operieren: »Schwimm nicht zu weit raus!«, »Geh da nicht allein hin!«, »Kratz dich nicht auf!« oder »Zieh dich warm an!«. Und natürlich der ewige Top-Klammer-Spruch: »Halt dich gut fest!«

Insbesondere die Wahl der Kleidung darf als effektive angstbildende Maßnahme gelten. Wer als Kind bei 25 Grad eine braunorange gestreifte, von Mutti selbstgestrickte Pudelmütze tragen musste, kann es bezeugen. Dadurch gelingt zweierlei: 1. Die Angst der Mutter, in diesem Falle um die Gesundheit des Kindes, bestimmt das Handeln – nicht die realen Witterungsbedingungen. 2. Das Kind wird sozial isoliert und damit umso mehr auf die Akzeptanzsignale der Gebärerin angewiesen sein. Den Heranwachsenden müssen daher so lange wie möglich Brote geschmiert und die Schnürsenkel gebunden werden. Auch sollten sie, am besten in einem beheizten, trockenen Fahrzeug, persönlich überall hingebracht und abgeholt werden. Nur von Mutti persönlich. Die Kleinen werden dankbar sein! Auch, wenn sie groß sind.

Auch Männer können von der Angst um die Kinder profitieren: Sie müssen nur ihrer Partnerin gegenüber den kindlichen, passiven Part einnehmen. Dazu sollten sie sich stets und ständig verletzen, erkranken oder anderweitig einen Mitleid erregenden Eindruck machen. Jammern allein ist meist nicht ausreichend! Frauen sind misstrauisch. Sie müssen wirklich das Gefühl haben, der Mann würde – wie Kinder – ohne ihre Hilfe schlagartig umkommen. Wenn sie davon aber einmal überzeugt ist, legt sie abends freudig seine »Klamotten für morgen« ins Bad. Kocht und putzt. Und baut im Idealfall sogar IKEA-Regale allein auf.

Häufige Opfer	Berühmte Fälle	Größte Feinde	Fortbildung	Verwandte Ängste
• Mütter • Familienministerin	• Mrs Bates • Eva Herman • Erich Kästners Mutter	• Schule • Selbständigkeit • Pubertät • Viele andere Kinder • Drogen	• »Psycho« *(Alfred Hitchcock)* • »Heal the world« *(Michael Jackson)* • »Emil und die Detektive« *(Erich Kästner)*	• Angst vor Lehrern • Angst vor dem Alleinsein • Angst vor Eltern

ANGST VOR MAULWÜRFEN
(Zemmiphobie)

Die Angst vor Maulwürfen ist keine Reaktion auf eine direkte Bedrohung für uns. Was angesichts von deren Lebensraum und Körpergröße auch ziemlich obskur wäre. Möglich ist sie dennoch *(siehe: Angst vor Dunkelheit)*. Die Furcht vor den Talpiden resultiert zum einen aus der Sorge um den Rasen. Zum anderen ist es eine Form der Autophobie, der Angst vor sich selbst und dem, was man gleich tun wird.

Um sich vor Maulwürfen und ihrem destruktiven Werk zu fürchten, muss man kein Gartenfetischist sein. Ich beispielsweise mähe erst, wenn man die Schaukel nicht mehr sehen kann. Ich vertikutiere den Rasen nicht, ich maniküre ihn auch nicht. Ich mähe auch keine Muster ins Grün, z.B. unser Familienwappen. Damit man es dann aus dem Flugzeug sehen kann, kurz vor der Landung in Fuhlsbüttel. »Oh, schau, die fünfblättrige Rose, das muss das Anwesen derer von Rosenberg sein!!« Daran bin ich nicht interessiert.

Ich möchte auf unserem Rasen mit meinem Sohn einfach nur Fußball spielen. Oder Hockey. Wenn nur nicht die Verletzungsgefahr so groß wäre. Wegen der herunterfallenden Äpfel und Quitten – und wegen der Maulwurfshügel und -löcher. Selbst geringste Ansprüche an den eigenen Garten können nicht erfüllt werden, wenn ein Maulwurf sein sinnloses, destruktives Unwesen treibt. Aus purer Boshaftigkeit und Impertinenz. Die einzige Sportart, die man in unserem Garten ausüben kann, ist Golf. Allerdings auch nur eine spezielle Art Golf: Man muss mit einem

Schläger versuchen, das Obst in die Löcher zu schießen. Ohne dabei den Maulwurf zu treffen!

Denn diesem Tier etwas antun darf man auf keinen Fall. Da kann man noch eher einen Rollstuhlfahrer schlagen. Die Beißhemmung gegenüber Maulwürfen ist extrem. Wer gegen diese Tiere vorgeht, wird erleben, dass ein ganzes Land aufsteht und die Rückkehr der Lynchjustiz praktiziert. Die Talpiden haben eine größere Lobby als die Energiewirtschaft. Bestimmt haben auch sie mit Frau Merkel in einem Bunker in Berlin einen geheimen Schutzvertrag ausgehandelt.

Frauen verteidigen Maulwürfe nämlich immer, in aller Regel mit dem schönen Satz: »Dem darfst Du nichts tun. Der ist doch blind!« Kinder zeigen Dir Bilder: »Ooch, nee, guck mal, wie süß der guckt ...!« Wie?!? Der kann gucken?!? Ist der nicht blind?!?!? Was denn nun?!? Und wenn er nichts sieht, was will er dann hier oben?

Und wenn Du trotzdem einen Plan aussheckst, nehmen Dich Freunde beiseite und zischen leise: »Ich verstehe Dich ja. Und die Idee mit dem Sprengstoffgürtel ist wirklich gut. Aber lass es. Das kannst Du nicht machen, das ist Mord!« Dabei ist das noch nicht mal Totschlag, das ist Notwehr!

Diese Unterdrückung des männlichen Tötungsinstinktes und des ihn verursachenden, archaischen Drangs zur Verteidigung des eigenen Reviers führt zu einer sogenannten »verlagerten aggressiven Eruption«. Irgend jemand anders wird dafür bezahlen, dass der Maulwurf davonkam. Und das könnten Sie sein *(siehe: Angst vor dem Tod)*. Na? Schon Angst?

Häufige Opfer	Berühmte Fälle	Größte Feinde	Fortbildung	Verwandte Ängste
• Eigenheim-besitzer • Rattenfänger • Geheim-dienstler	• Politbüro • Willy Brandt	• Mehr-familienhaus • Hausboot • Asphalt • Drogen	• »Der kleine Maulwurf« *(Zdenek Miler)* • »The Cave« *(Bruce Hunt)* • »Higher Ground« *(Stevie Wonder)*	• Angst vor Dunkelheit • Angst vor Behinderten

ANGST VOR DEN VERSAGERN
(Luschophobie)

Die Angst vor den Versagern ist vor allem in den stark leistungsorientierten westlichen Ländern verbreitet. Wer auf dem Schulhof beim Völkerball ständig verlor, weil er den dicken Rudi und den blöden Udo auch noch mitmachen lassen musste, ist für sein Leben traumatisiert und hat bis zum Tode Angst vor denen, die ihn aufhalten oder behindern.

Die Angst vor den Versagern tritt vermehrt auf, wenn man sich in spezielle Soziotope begibt, wie beispielsweise den Bereich privatisierter ehemaliger Staatsbetriebe. Bei der Deutschen Post, der Deutschen Bahn oder der Deutschen Telekom wird man überdurchschnittlich oft auf Menschen mit Überforderungssymptomen treffen und sich die Auswirkungen ihres Versagens auf sein eigenes Leben auf das Schrecklichste ausmalen können – und sie vielleicht sogar erleben müssen.

Wer einmal tagelang telefonisch von der Außenwelt abgeschnitten war, weil sich ein magentafarbener Versager mit Datum und/oder Auftragsnummer vertan hat, wird aus Angst bis an sein Lebensende einen Umzug oder Anbieterwechsel meiden.

Ein weiterer Bereich, in dem sich Versager sammeln, ist die gesamte sogenannte Politik. Dort sind alle Rudis und Udos vom Schulhof mit Anfang vierzig »aktiv geworden«, nachdem sie mehrere Exemplare von ihresgleichen gezeugt und dann ein Haus gebaut hatten.

Leider muss der Großteil der Bevölkerung ausbaden, was diese Menschen in der Folge anrichten: Bundesstraßen, die in Ost-West-

Richtung verlaufen, durch Umgehungsstraßen zu entlasten, die von Norden nach Süden führen. Für unfassbare Summen Geldes Kernkraftwerke bauen, diese als sensationelle Technik preisen – und dann plötzlich alle abschalten lassen, weil sie kalte Füße bekommen haben. Steuersenkungen ankündigen und dann -erhöhungen durchführen. Aber was beschweren wir uns: Wenn wir den Job nicht machen wollen ...

Versager wissen nicht, was sie tun, und reden deshalb am liebsten dumm daher. Das ist nämlich die einzige Disziplin, in der sie überdurchschnittlich gut sind. Die Angst vor ihnen ist definitiv berechtigt. Achten Sie aber darauf, dass diese nicht in Zorn oder gar Tatendrang umschlägt. Gesellschaftliche Veränderungen sind nicht gut *(siehe: Angst vorm Kommunismus)*.

Häufige Opfer	Berühmte Fälle	Größte Feinde	Fortbildung	Verwandte Ängste
• Patienten • Bankkunden • Passagiere • Lehrer • Trainer • Streber	• Guido Westerwelle • Felix Magath • Strategus* • Dieter Bohlen	• Zen-Buddhismus • Rente • Beamtenmentalität • Phlegma	• »Alexis Sorbas« *(Mihalis Kakogiannis)* • »12 Uhr Mittags« *(Fred Zinnemann)* • »Tagesschau« *(ARD)*	• Angst vorm Alleinsein • Angst vor Verarmung • Angst vor Ärzten

* Römischer General aus »Asterix bei den Goten«, berühmt für den Stoßseufzer: »Sie sind alle so dumm, und ich bin ihr Chef!«

ANGST VOR DEM VERSAGEN
(Ineffektivophobie)

Die Angst vor dem Versagen gehört zu den zivilisatorischen Ängsten, weshalb sie sich im Laufe der Menschheitsgeschichte zunehmend stärker ausgeprägt hat. Dabei sind die Konsequenzen des Versagens bei der Mammutjagd vermutlich deutlicher spürbar gewesen als beispielsweise beim Torwandschießen.

Der Versager ist im militärischen Wortsinn eine nicht explodierte Sprengladung. Gründe hierfür können sein: Überalterung, Durchfeuchtung, Abriss der Energieversorgung o. Ä. Diese Gründe mögen auch bei Menschen zutreffen.

Denn in einer Welt, die zunehmend elektrisch und elektronisch, informell statt kommunikativ, funktional und nicht sozial ist, empfindet sich der Mensch schnell als zu langsam, zu dumm oder zu weich. Und damit als Risiko.

Perfektionismus ist die gesellschaftliche Voraussetzung für Versagensangst. Dazu gehört keineswegs, dass tatsächlich alles funktioniert – der Anspruch reicht völlig aus.

Hilfreich für die Entwicklung von Ineffektivophobie sind ein Mangel an Selbstvertrauen und fehlende Erfahrung. Eine weitere Komponente ist die Furcht vor den drohenden Konsequenzen. Die Nichterfüllung einer Aufgabe sollte einen mittleren Weltuntergang zur Folge haben. Zumindest in Ihrer phobischen Vorstellung hängt die Zukunft der Menschheit allein von Ihnen ab.

Um das eigene Leistungsvermögen einzuschätzen, setzt man sich oft mit anderen in Beziehung. Wer ist besser, größer, schneller – wer mit vergleichbaren Anlagen oder gerade anderen Voraussetzungen hat diese Aufgabe wie und warum erfüllt oder eben nicht. Dieser Vergleich kann gewertet werden als motivierender Denkansatz (»Also, wenn der das schafft, schaffe ich das auch.«), sollte aber besser frustrierend enden (»Das wird nichts. Ich bin der Einzige hier, der kein Latinum hat!«).

Im Idealfall platziert man also einen Menschen mit geringem Selbstbewusstsein in eine feindliche Umgebung, die ihm Aufgaben stellt, von denen er noch nie gehört hat und für die er nicht ausgebildet wurde. Zudem stellt man ihm andere zur Seite, denen die Lösung keinerlei Mühe zu bereiten scheint *(siehe: Angst vor Computern)*. Das schafft Frustration. Hier kann sich die Angst vor dem Versagen aufs Schönste steigern, bis hin zur kompletten Selbstaufgabe.

Häufige Opfer	Berühmte Fälle	Größte Feinde	Fortbildung	Verwandte Ängste
• Spreng-meister • Busfahrer • Stürmer • Schüler und Studenten	• Karl Theodor Maria Nikolaus Johann Jacob Philipp Franz Joseph Sylvester Freiherr von und zu Guttenberg • Gott	• Zen-Buddhismus • Waldorf-schulen • Drogen	• »Die Hard 1–4« *(Diverse)* • »You ain't see nothing yet« *(Bachman Turner Overdrive)*	• Angst vor Prüfungen • Angst vor öffentlichen Toiletten • Angst davor, eine Erektion zu sehen, daran zu denken oder eine zu haben

ANGST UM DEN VERGASER
(Kratzophobie)

Die Angst um das eigene Auto ist neben dem Muttertag eines der letzten Relikte des Nationalsozialismus in Deutschland. Seit der Mobilisierung unseres gesamten Volkes wollen wir auch persönlich überall sofort einmarschieren können. Dabei ist uns der eigene Zustand gleichgültig – Stichwort: Sandalen, Shorts und weiße Socken – das Fahrzeug allerdings muss blitzen wie der gleichnamige Krieg. Und mindestens ebenso schnell sein. Gerne halten Männer es für eine Meldung bei Facebook wert, wenn sie es von München nach Köln in drei Stunden geschafft haben oder dergleichen. Sollte der Verkehr nicht ausreichend fließen, wird dennoch tempounabhängig die linke Spur benutzt.

Die gesamte Ausrüstung des Autos ist von großer Bedeutung. Dazu gehören Subwoofer, Regensensor oder Drehzahlmesser. Der nicht nur politisch anrüchige Vergaser wurde im Zeitalter der Übersexualisierung größtenteils ersetzt durch die vielen Fahrzeugführern sympathischere Einspritzpumpe. Aber ein Mann liebt jedes Detail. Und fürchtet nichts mehr, als dass eines von ihnen Schaden nehmen könnte.

Eminent wichtig ist auch das intakte Äußere. Das Fahrzeug wird – meist am Sonnabend zur Bundesligazeit – aufs Innigste gepflegt und verwöhnt, während die Gattin das Geschehen neidisch seufzend durch das Küchenfenster betrachten muss. Die korrekte Fahrzeugpflege ist zugegebenermaßen ein höchst intimer Vorgang. Mittlerweile gibt es Waschstraßen mit Programmen, wie sie früher nur im Rotlichtmilieu zu finden waren.

Für das Einparken unverzichtbar ist die wunderbare technische Innovation des Abstandssensors. Denn wer zerkrackt sich schon gerne den Lack durch die eigene Fahruntauglichkeit? Die größten Sorgen macht man sich ohnehin, wenn der Wagen abgestellt und damit wehrlos den Attacken anderer Verkehrsteilnehmer ausgeliefert ist. Insbesondere in der älteren Generation gibt es Männer, die im Restaurant einen Platz am Fenster mit Blick auf den Parkplatz bevorzugen. Oder sich schon beim Aussteigen die Nummernschilder der benachbarten Fahrzeuge notieren, um sofort des schuldigen Halters habhaft werden zu können, sollten sie nach der Rückkehr Kratzer bemerken.

Viele Herren verlassen ihren Wagen aus Sicherheitsgründen lieber gar nicht erst. Was die Ursache für eine weitere Angst sein kann: die, an den Abgasen des eigenen Kraftfahrzeugs zu ersticken. Generell gilt: Das eigene Ableben erscheint einem deutschen Mann weniger furchteinflößend als der Umstand, dass er im Todesfall sein Fahrzeug führerlos zurücklassen muss.

Diese Angst kann man nicht lernen. Die hat man.

Häufige Opfer	Berühmte Fälle	Größte Feinde	Fortbildung	Verwandte Ängste
• Deutsche • Junge Männer • Männer im mittleren Alter • Alte Männer	• Michael Schumacher • Der Nachbar	• Wangerooge • Fußgänger-zonen • Hippies • Italiener • Marder • Drogen	• »Pulp Fiction« (Quentin Tarantino) • »Duell« (Steven Spielberg) • »I'm in love with my car« (Queen)	• Angst vor Bussen • Angst vor Taxen • Angst vor Fahrrädern • Angst vor Fußgängern

ANGST VORM KOMMUNISMUS
(Sozialophobie)

Die Angst vor dem Kommunismus ist zur Zeit wieder deutlich auf dem Vormarsch. Und das, obwohl er sich als politisches System selbst desavouiert hat und praktisch verschwunden ist. Dieser gegnerlose Antisozialismus ist zu begrüßen, da die daraus erwachsende Individualisierung und Isolation hervorragende Voraussetzungen sind für vielerlei weitere Ängste.

Angst vorm Kommunismus ist eine Form von Sozialphobie und hat ihre Ursache in den totalitären Systemen der Vergangenheit, in denen das Kollektiv missbraucht wurde. Resultat war ein elementares Misstrauen gegenüber dem, was die Mehrheit will, sowie dem, was der Staat tut.

Ein zweiter Grund für diese Angst vor dem Gemeinsinn ist die zunehmend undurchschaubare wirtschaftliche Lage, allgemein wie individuell. Wenn ein Zechpreller erwischt wird, kann er neuerdings sagen: »Tut mir leid, ich wusste nicht, dass ich mir das Bier nicht leisten kann, verstehen Sie, die Globalisierung!« Dieses Argument kann auch der Wirt nachvollziehen.

Denn durch die zunehmende Komplexität von wirtschaftlichen Zusammenhängen kann man sich natürlich leicht bedroht fühlen. Früher war der in China umfallende Sack Reis tatsächlich bedeutungslos. Heute gerät sofort der DAX ins Rutschen. Was auch immer das bedeuten mag: Man hört davon sofort in den Nachrichten – als »Breaking News« bei *N24*. Das ruft Panik hervor.

Denn Fernsehen und Zeitung vermitteln eine Vielzahl sogenannter Informationen, die nicht sonderlich gut recherchiert, einseitig dargestellt und von einem Normalbürger mangels volkswirtschaftlicher Kenntnisse meist nicht auf ihren Wahrheitsgehalt hin zu überprüfen sind. Aber alle haben dieselbe Botschaft: Es geht uns schlecht. Es geht weiter bergab. Und andere, denen es noch schlechter oder mit denen es noch schneller bergab geht, ziehen uns mit runter. Ergebnis ist, dass angesichts der bedrohlichen Gesamtlage niemand mehr dem Gemeinsinn vertraut, sondern jeder ausschließlich für sich das Bestmögliche zu erreichen versucht. Mit der Begründung: Die haben angefangen! Die Globalisierungsdebatte erinnert an Schulhofauseinandersetzungen.

Sozialophobie ist oft nicht nur die Angst vor anderen, sondern auch die um sich selbst. Grundlage der Furcht vorm Kommunismus ist daher die tiefe Überzeugung: Niemand tut etwas für uns, wenn wir es nicht selber tun. Wir müssen uns nehmen, was wir wollen. Geschenkt ist nur der Tod. Wenn es schon den Mineralölkonzernen so schlecht geht, dass sie immer zu Ferienbeginn mit windigsten Scheinargumenten und notfalls auch komplett losgelöst von Rohölpreis und Eurokurs den Benzinpreis erhöhen müssen – wie steht es dann um uns? Müssen wir am Essen sparen, damit wir uns den Sanifair-Stuhlgang danach überhaupt noch leisten können? Müssen wir damit rechnen, demnächst fürs Atmen bezahlen zu müssen?

Bedroht fühlt man sich dann wahlweise von Zuwanderern oder Frauen (»Die nehmen uns die Arbeitsplätze weg«), von Zuwendungsempfängern (»Die leben doch von meinen Steuergeldern!«) oder auch schlicht vom Nachbarn (»Wieso haben die ein derart großes Planschbecken? Haben die geerbt?«). Hier kommen Neid und Missgunst als verstärkende Gefühle ins Spiel. Teilen möchte man mit solchen Schmarotzern nichts *(siehe: Angst vor Arbeit)*.

Diese Ängste schaffen zudem ein schier unerschöpfliches Reservoir von Wählerstimmen für die dunkle Seite des Parteienspektrums: Wie britische Wissenschaftler herausfanden, besitzen Menschen mit konservativer Einstellung nämlich oft eine vergrößerte Amygdala. Nur Schisser wählen rechts! Und sorgen damit dafür, dass auch ihre eigene Lebensgrundlage immer mehr gefährdet wird, wogegen sie sich durch eine weitere Verdunklung ihrer Einstellung zu behelfen versuchen etc. pp.

Allen, denen es bisher undenkbar erschien, beispielsweise die CDU zu wählen, die deutsche Schwesterpartei der in Italien verbotenen Democrazia Christiana, sei gesagt: Sie sollten das Fürchten lernen! Plötzlich werden Ihnen insbesondere die innen- und sozialpolitischen Überzeugungen des konservativen Spektrums in einem völlig anderen Licht erscheinen (siehe: Angst vor Dunkelheit).

Die konservative und neoliberale Seite der Politik spricht mittlerweile ausschließlich von Einschnitten, Einsparungen und Geldknappheit. Sich selbst meinen sie damit nicht. Und auch nicht diejenigen, die über den Großteil des Vermögens im Land verfügen. Der normale Bürger aber soll den Gürtel enger schnallen, bei sich anfangen. Schmerzliche Maßnahmen seien vonnöten, heißt es dann.

Offensichtlich haben diese Parteien ihrerseits Angst, den Herausforderungen der globalen Wirtschaft nicht gewachsen zu sein. Und nicht zu Unrecht, wenn man die intellektuellen Leistungen unseres konservativen und neoliberalen Führungspersonals bedenkt. Sofern es sich dabei überhaupt um deren geistiges Eigentum handelt. Ihre Ohnmacht ist das Einzige, was diese Politiker mit ihren Wählern teilen. Daher sollten wir ihnen helfen bei der Bewältigung dieser übermenschlichen Aufgaben.

Liebe Leserinnen und Leser: Sie sollten überprüfen, ob Sie Ihrerseits schon weit genug gegangen sind. Oder ob sie noch leichtfertig dem sich als Sozialstaat tarnenden Kommunismus vertrauen. Trauen Sie sich mehr Angst zu! Ihr Ziel sollte die Staatsparanoia der Tea-Party-Anhänger in den USA sein – nur ohne den religiösen Fanatismus.

Also: Treten Sie unbedingt aus der Kirche aus! Dadurch höhlen Sie die Finanzierung sozialer Dienstleistungen durch diesen Träger aus und verschieben deren Kosten auf die nachfolgende Generation. Achten Sie überhaupt darauf, möglichst wenig Steuern zu bezahlen, am besten gar keine. Schulen Sie zur Not um und erlernen Sie einen handwerklichen Beruf oder eröffnen Sie eine Kneipe. Beides bedeutet ~~Schwarzarbeit~~ Steuerfreiheit. Schicken Sie Ihre Kinder auf eine elitäre Privatschule – monatlich 1000,– Euro sollten Sie sich das Minimum kosten lassen. Die Gebühren bezahlen Sie natürlich nicht, sondern lassen sie in die anschließende Privatinsolvenz einfließen. Nutzen Sie keinesfalls öffentliche Verkehrsmittel und wenn, dann ohne Fahrschein. Und bleiben Sie sitzen, wenn eine Schwangere oder ein tattriger Greis einsteigt – die sollen ruhig stehen. Leeren Sie die Hotelminibar, füllen Sie die Flaschen mit Urin wieder auf und stellen Sie sie zurück. Sollte das auffallen und das Hotel die zu diesem Zwecke hinterlegte Kreditkarte belasten wollen, melden Sie sie einfach als gestohlen. Schaffen Sie sich einen Computer mit drahtlosem Netzwerkzugang an, damit Sie keinen eigenen Telefonanschluss finanzieren müssen. Auch Strom und Kabelfernsehen kann man sich mit ein wenig handwerklichem Geschick kostenfrei aus der Nachbarschaft besorgen. Zahlen Sie keine Müllgebühren, sondern werfen Sie Ihren Unrat auf die Straße. Für Sperrgut gibt es Autobahnparkplätze. Und nehmen Sie Vergünstigungen und Sozialleistungen in Anspruch, die Ihnen nicht zustehen – für Behinderte, Kinderreiche etc. Missachten Sie Warteschlangen, -nummern und -listen – also alles, was nach dem kommunistischen »Gerechtigkeitsprinzip« funktioniert. Drängeln Sie sich vor. Ellbogen raus! Denken Sie an die neoliberale Interpretation der Französischen Revolution: Freihandel – Ungleichheit – Brüderle!

Dann wird eines Tages endlich Freiheit unser Land bestimmen: Schulen werden nicht mehr renoviert, den öffentlichen Nah- und Fernverkehr betreiben rumänische Schleuserbanden, 30 cm tiefe Löcher in Bundesstraßen werden nicht mehr beseitigt, sondern als Schicksalsschläge hingenommen, Fassaden öffentlicher Gebäude werden nicht mehr erneuert, öffentliche Krankenhäuser an amerikanische Schönheitschirurgen veräußert, die Stadtreinigungen an neapolitanische Subunternehmer ausgelagert, Universitäten werden per Drittmittel aus der Wirtschaft finanziert werden und sich dafür durch die günstige, kontrollfreie Vergabe von Doktortiteln revanchieren. Und wer ärztliche Behandlung erhält, wird von Hedgefonds bestimmt.

Dann leben wir endlich in einer freien Welt! So wie die FDP sie sich wünscht. (Komisch nur, dass die öffentliche Infrastruktur genauso aussieht wie in der DDR. Schrott-Sozialismus aus Angst vor dem Kommunismus – eine ironische Pointe der Weltgeschichte.)

Häufige Opfer	Berühmte Fälle	Größte Feinde	Fortbildung	Verwandte Ängste
• Eigenheimbesitzer • Kleingärtner • Neureiche • Zahnärzte • Südkoreaner • F.A.Z.-Leser • Selbständige	• Guido Westerwelle • Ronald Reagan • Sarah Palin • Dagobert Duck • Josef Ackermann	• Armut • Solidarität • Bergpredigten • Kostenlose Drogen für alle	• »Jagd auf Roter Oktober« (John McTiernan) • »Amerika« (Rammstein)	• Angst vor Menschen • Angst vor Schlangen • Angst vor Verarmung

ANGST VOR DEM ZAHNARZT
(Dentistophobie)

Häufig gelingt es uns leider nicht, Angst zu empfinden, obwohl es möglich wäre. Stattdessen unterdrücken wir dieses herrliche Gefühl und werden abgestumpft, gleichgültig oder unterkühlt. Beispielsweise fürchten wir uns nicht genug vor dem Zahnarzt. Und das nur aus angeblicher Einsicht in die Notwendigkeit des Besuchs bei ihm. Das ist bedauerlich.

Um diese Form rationaler Selbstkontrolle aufzubrechen, macht es Sinn, zunächst überhaupt irgendein Gefühl zu wecken. Dabei kann es sich auch um Wut handeln oder um Trauer. Wenn man erst einmal emotional angesprochen ist, befindet man sich schon auf gutem Weg zur Sorge und schließlich zum Königsgefühl, der Angst.

Dankenswerterweise ist vielen Zahnärzte die bedenkliche Furchtlosigkeit ihrer Patienten aufgefallen. Daher versuchen viele Dentisten, ihr Publikum durch eine komplexe Ansprache zunächst in einen emotionalen Zustand zu versetzen, aus dem heraus es dann Angst entwickeln kann.

Das Gefühl, das die meisten Zahnärzte zum Quereinstieg nutzen, ist Zorn. Sie bringen uns durch ihre Arroganz und ihren unverhohlen zur Schau gestellten Reichtum gegen sich auf, tun so, als bräuchten sie uns gar nicht, nehmen uns trotzdem aus wie Weihnachtsgänse und beschweren sich dann auch noch über mangelnde Wertschätzung. Zahnärzte sind wie Bayern München.

Schon bei der Terminvereinbarung erfolgen die ersten verbalen Attacken: »Na, Sie waren ja schon lange nicht mehr bei uns, das

ist ja bestimmt schon wieder, lassen sie mich mal schauen ..., oh ...,
8 Monate her! Also, da garantieren wir jetzt aber für nix mehr!«
Auf diese Weise äußert sich wohlgemerkt das medizinisch keineswegs qualifizierte Verwaltungspersonal, das eigentlich nur
den Kalender bedienen soll.

Wenn man dann die Praxis betritt, legen sie ansatzlos nach:
»Schön, dass Sie es möglich machen konnten. Nehmen Sie Platz,
das kann noch ein wenig dauern. Aber nachdem Sie sooooooo
lange nicht mehr hier waren, scheinen Sie es ja nicht eilig zu haben ...«

Angesichts dieser Ansprache wird sich der Patient im Wartezimmer bereits in einem aufgewühlten Zustand befinden. Was
nicht besser wird durch die in aller Regel exorbitant lange Zeit,
die er dort verbringt. Während derer wird er im Wartezimmer
konfrontiert mit in Augenhöhe aufgehängten Bildern von den
Safaris, an denen der Arzt teilgenommen hat. Oder mit auslie-
genden Segel-Fachmagazinen, jeweils mit einer dick angestriche-
nen Kleinanzeige, die belegt, dass der Doktor sich ernsthaft für
die dort inserierte 1,4-Millionen-Jacht interessiert. Allerdings
braucht er für die letzte Rate noch deine heutige Behandlung.

Dann wird man in einen anderen Raum überführt, auf den der
Ausdruck »Sprechzimmer« allerdings nicht zutrifft, da man dort
nicht reden kann. Im Gegenteil: Man wird in wehr- und würdelo-
ser Haltung, mit dem Kopf im Nacken, auf dem Rücken festge-
schnürten Armen und offener Kehle auf einem Stuhl fixiert und
bekommt ein Lätzchen umgehängt. Ein Lätzchen! Wessen Gefühle jetzt immer noch nicht in Wallung geraten sind, der hat
keine.

Nachdem sie den Patienten derart bloßgestellt und der kindischen Lächerlichkeit preisgegeben hat, verlässt die Arzthelferin unter unverständlichem Gemurmel den Raum. Jetzt hat man wiederum Wartezeit, die man – mangels Lektüre – damit verbringen kann, das zu diesem Zwecke sorgsam bereitgelegte Folterbesteck zu studieren. Es liegt auf einer Art Frühstückstablett, direkt vor der eigenen Nase. Obwohl man ja wahrscheinlich selbst gar nicht essen könnte, sondern gefüttert werden müsste. Das Besteck sieht toll aus, es blitzt und blinkt – und man kann sich in Ruhe ausmalen, was wohl aus den Menschen geworden ist, an denen man diese Messer, Hammer oder Hebel zuletzt angesetzt hat. Wahrscheinlich hängen die immer noch zum Ausbluten dort hinten im Kühlraum.

Und: Spritzen! Spritzen! Überall: Spritzen! Monströse Geräte, deren Anwendung eigentlich nur unter Vollnarkose zu ertragen ist.

Irgendwann kommt die Arzthelferin in Begleitung einer Kollegin zurück, zum Zwecke einer Bestandsaufnahme. Für derartige administrative Tätigkeiten hat der Doktor selbst natürlich keine Zeit. Er bietet ja gerade online bei Sotheby's auf eine neue Takelage.

Währenddessen erfolgt im Behandlungszimmer eine weitere Emotionalisierungsmaßnahme. Während die eine Arzthelferin hinter deinem Rücken irgend etwas in den Computer tippt, stößt dir die andere einen Spatel ins Zäpfchen, starrt in deinen Rachen und schimpft:

»Oh, drei/sieben oben links distal Füllung insuffizient oben, 24–4 k ... ooooohh ... Na, da war aber jemand schlampig, uiuiuiui,

1–7 unten, das is aber nicht ihre Ecke hier, hmmmm. Was ist denn das da, das schaffen wir aber heute nicht ... Hallo, 3–4,3, zwei fallenlassen, 7–5–3 Rom schlüpft aus dem Ei ...«

Stellen wir uns nur mal vor, eine Verkäuferin in der Herrenbekleidung würde ihre Kunden behandeln wie eine Zahnarzthelferin: »Oooooh, Sie sind aber lange nicht mehr hier gewesen. 30, 40 Jahre bestimmt, wenn ich mir das so genau betrachte. Ob man da noch mal was machen kann ... Sind das Graue hier auf dem Revers Haare? Oder Haut? Welche Größe, sagen Sie? 52, hmmmm, ich weiß nicht, ob wir das heute noch schaffen ... Was ist das denn, Speckrollen, uiuiuiuiui, na, ob 52 da noch reicht ... und ich meine nicht den Längengrad! Wir hätten sonst noch Hosenträger, die waren ja hochmodern zu Ihrer Zeit ...«

Man würde diesen Laden immer und immer wieder aufsuchen. Denn nirgends wäre das Einkaufen so aufregend, geradezu -wühlend. Nach einer solch unverschämten Attacke ist man nämlich am Boden zerstört, verzweifelt, erniedrigt, gekränkt. Man ist zutiefst verunsichert, fühlt sich verwahrlost, das Selbstwertgefühl geht in den Keller. Und kommt so schnell nicht wieder hoch.

Nach ihrer beleidigenden Tirade verlassen dich die Arzthelferinnen erneut. Vorher aber reißen sie dir gemeinsam die Kiefer auseinander. Idealerweise werden sie dir Wattestäbe in die Wangen stopfen oder mit Metallstäben eine Art Trapez in den Mundwinkeln fixieren. Sollte das nicht reichen, werden dir außerdem noch zwei Schläuche eingehängt: einer, der Wasser zuführt, ein anderer, der es wieder absaugt. Sichergestellt werden soll damit, dass du keinesfalls zum Artikulieren kommst. Was besonders schön ist, da der Arzt doch vor der Behandlung noch dieses oder jenes besprechen wollte. Von wegen Sprechzimmer: Er wird Fragen stellen, aber keine Antworten bekommen. Sondern angesichts der seltsamen Geräusche aus deinem Rachen einfach tun, was ihm in den Sinn kommt. »Hmmmmm ... Sagen Sie: Wollen wir den denn wirklich ziehen?« – »Grrreeeempfffllschhhhhh!!!!!« – »Na ja, egal. Irgendwann muss jeder gehen!« – Und: zack!

Wobei der Auftritt des Zahnarztes selbst eigentlich gar nicht mehr nötig ist, er ist lediglich das i-Tüpfelchen, das Sahnehäubchen. Aber der Doktor soll ja auch etwas von deinem Besuch haben und deinen Anblick in diesem Zustand wenigstens kurz genießen dürfen. Die Behandlung, der wirklich schmerzhafte Teil, spielt eine völlig untergeordnete Rolle. Man befindet sich ohnehin schon im Delirium. Das Ziel ist schon längst erreicht: feuchte Hände, Egoverlust, Sprachzentrum außer Kontrolle, Körperausdünstungen jeder Art, Herzrasen – Angst pur. Und wenn die Betäubung nachlässt und der echte Schmerz einsetzt, ist man schon wieder zuhause.

Dieser emotionalen Achterbahnfahrt kann sich keiner entziehen. Es sei denn, er hat ein riesiges Ego, ist emotional total verkrüppelt, von sadistischem Naturell und hat überhaupt keine existenziellen Sorgen, kurz: Er ist selber Zahnarzt.

Häufige Opfer	Berühmte Fälle	Größte Feinde	Fortbildung	Verwandte Ängste
• Alle	• Gert Fröbe • Jürgen Vogel • Jim Carrey • Adolf Hitler • Scarlett Johansson	• Gebiss • Zahnpflege • Drogen	• »Marathon Man« *(John Schlesinger)* • »Goldfinger« *(Guy Hamilton)*	• Angst vor Ärzten • Angst vor Wasser • Angst vor dem Krankenhaus • Angst vor Bohrern • Angst vor Verarmung • Angst davor, eine Erektion zu sehen, daran zu denken oder eine zu haben • Angst vor Kitteln • Angst vor Messern • Angst vor Schläuchen

ANGST VOR DEN ELTERN
(Parentophobie)

Angst vor den Eltern ist prinzipiell angebracht, sie ist gut und wird seit Menschengedenken für sinnvoll gehalten. Schließlich ist sie nicht umsonst im moralischen Zentralkatalog »Die zehn Gebote« verewigt. Gelegentlich verharmlost man sie auch als »Achtung« oder »Respekt«.

Die Furcht vor den Eltern hat ursprünglich natürlich nichts damit zu tun, dass sie überraschend sonntagnachmittags vor der Tür stehen, zwei unterschiedliche Stücke Torte auf den Teller und einen bestimmten Tee in die Tasse wollen, um sich dann über den Zustand des Autos (Vater) und des Gartens (Mutter) zu beschweren. So sehr er einem auch bevorsteht: Der Verwandtenbesuch ist eine spätere zivilisatorische Entwicklung – und eines von zahlreichen Beispielen dafür, dass die Mobilität von Senioren nicht immer ein Segen sein muss. Zumindest nicht für die Umwelt.

Natürlich ist die Furcht vor den Eltern viel älter. Sie ist zunächst körperlich begründet. Sie sind die »Großen«, die »Erwachsenen«. Sie sind einfach stärker. Sie können beispielsweise Nägel aus Stahl in Wände aus Beton schlagen. Sie können auch die auf Regalen oder Schränken in luftiger Höhe versteckten Süßigkeiten lächelnd erreichen und sich einverleiben. Kinder müssen dazu mehrere Stühle aufeinanderstellen oder eine Räuberleiter bilden. Oder noch schlimmer: um Erlaubnis bitten. Und dann vor dem Naschen erst die Hausaufgaben zu Ende machen.

Eltern können nahezu alles, ohne jemanden bitten oder Hilfe in Anspruch nehmen zu müssen: Sie dürfen ins »tiefe Becken«. Sie können nachts um die Häuser ziehen und dürfen Auto fahren. Wenn auch nicht unbedingt direkt nacheinander. Erwachsene können sich alles erlauben. Meistens fragen sie noch nicht mal – sie tun es einfach. Das ist für Kinder zutiefst frustrierend, da sie nicht den Eindruck haben, ihre Eltern verhielten sich in irgendeiner Weise konsequenter als sie selbst. Oder hätten sich ihre Autonomie irgendwie verdient. Diesen Eindruck müssen die Erziehungsberechtigten auch massiv unterstützen, indem sie anders handeln als sie predigen, selbst tun, was sie verbieten und vor allem dabei den Eindruck vermitteln, sie handelten nach Lust und Laune und keineswegs irgendeinem Prinzip folgend. Das Kind darf nie wissen, woran es ist. Nur so kann es die angemessenen Angstgefühle den Eltern und später allen Autoritäten gegenüber entwickeln *(siehe: Angst vor Arbeit)*.

Leider bereiten viele Eltern ihren Kindern große Probleme, indem sie ihnen beispielsweise die Konsequenzen ihres Handelns klarmachen. Das ist kontraproduktiv: Stringente Erziehung erschwert es enorm, sich vor Eltern zu fürchten. Tun Sie das nicht!

Inkonsequenz sollte die oberste Handlungsmaxime der Erziehungsberechtigung sein. Lob und Tadel, Zuneigung und Missachtung dürfen für das Kind in keinem erkennbaren Zusammenhang mit seinem Verhalten stehen. Vielmehr soll der Nachwuchs stets auf der Hut sein, sich dauerhaft wegducken müssen, weil er nie weiß, wann und warum ihn was trifft. Nur dies ermöglicht es

Kindern, auch im späteren Leben ängstlich zu bleiben. Körperliche Gewalt, so befriedigend sie für den Anwender auch sein mag, gilt es allerdings, zu vermeiden, da der Nachwuchs dann früher oder später zurückschlagen oder das Weite suchen wird. Das ist kontraproduktiv.

Auch wenn die Kinder, wie es so schön heißt, »alt genug« sind, sollten sie die Furcht vor den Eltern nicht verlieren. Auch wenn man zweifellos flügge ist und sich selbst ernähren kann, wird man früh genug erkennen, wie angsterregend ähnlich man den Eltern ist. Und dass ausgerechnet die unangenehmsten Eigenschaften sich vererbt haben. Hier kann ein regelrechtes Epizentrum schönster Ängste entstehen: Man fürchtet jede Begegnung mit den Eltern, da diese einem stets aufs Neue vor Augen führt, was an ihnen man immer schon verachtet hat. Aber eben zugleich auch an sich selbst. Weshalb es sinnlos ist, sich aus dem Weg zu gehen. Hier können Angst, Sorge und Frustration eine lebenslängliche zirkuläre Komposition bilden.

Die Furcht vor körperlicher Züchtigung o. Ä. empfindet man ab einem gewissen Alter zumeist nicht mehr, da von einem zerbrechlichen Leib keine direkt Gefahr mehr ausgeht – abgesehen von Infektionen, die sich durch die Luft übertragen. Dieses Risiko sollte man allerdings eingehen, da man bei zu seltenen oder zu distanzierten Besuchen der Eltern um sein Erbe fürchten muss, das jahrzehntelange Gekrieche und Geducke also womöglich umsonst war *(siehe: Angst vorm Altern).*

Selbstverständlich ist es auch möglich, Angst vor den Eltern anderer Kinder zu entwickeln. Diese werden ihre Brut gegen jede Art äußere Einflussnahme verteidigen. Sie sollten es sich daher gut überlegen, ob Sie wirklich den Ladendieb festhalten oder beim Elternabend das Thema Drogen ansprechen wollen. In den neuen alternativen Vierteln unserer Großstädte wiederum werden Kinderwagen als Waffe eingesetzt; aus jeder Faser des Körpers der ihn führenden Mutter spricht der Satz: »Ich tue das für mein Land! Aus dem Weg, Rentenschnorrer!« Weichen Sie besser aus. Und fürchten Sie sich vor dem Tag, an dcm die Kinder solcher Eltern Ihre Regierung wählen.

Häufige Opfer	Berühmte Fälle	Größte Feinde	Fortbildung	Verwandte Ängste
• Kinder (0–60 Jahre) • Andere Eltern • Lehrer	• Norman Bates • Woody Allen • Golo Mann • Gwen Stefani • Selena Gomez	• Internat • Internet • Pippi Langstrumpf • Drogen	• »Psycho« (Alfred Hitchcock) • Bibel (Diverse)	• Angst vor Großeltern • Angst vor Onkels und Tanten • Angst davor, eine Erektion zu sehen, daran zu denken oder eine zu haben

ANGST VOR FAHRRÄDERN
(Cyclophobie)

Die Angst vor Fahrrädern ist eine zivilisatorische Spätangst. Insbesondere, seit die Geschwindigkeit, der Preis und die Ausstattung des Fahrrads der eines mittelgroßen Charterflugzeugs entsprechen, sind vielerlei Befürchtungen ins Kraut geschossen.

Man kann Ängste auf verschiedene Arten mit Fahrrädern in Verbindung bringen. Gut möglich ist es, sich vor einem Sturz zu fürchten. Für diesen braucht es nicht immer äußere Einflüsse. Nachdem das eigene Gleichgewicht im Alter von ca. drei Jahren so weit im Lot ist, dass man überhaupt Rollschuhe, Skateboard oder Fahrrad besteigen kann, verliert man diese Sicherheit gegen Ende seines Lebens in aller Regel von selbst wieder. Da kann man sich sorgen! Denn Liegefahrräder haben die ältere Generation noch nicht für sich begeistern können.

Wer mit seinem Auto gelegentlich durch Wohngebiete fährt und die auf ihn zuhaltenden Fahrrad-Senioren genauer beobachtet, weiß, wovon die Rede ist. Der kennt ihren panischen Blick angesichts deines Wagens, ihre Angst, dass sie stürzen und sich den Oberschenkelhals brechen könnten, der sieht aber auch ihren Riesenradius und ihr enormes Schwanken. Da schiebt auch der Fahrzeugführer Panik: Wer will schon, dass ein unterversicherter Rentner auf der Kühlerhaube aufschlägt?! Und womöglich nachher Recht bekommt, weil das Auto aufgrund seiner Farbe zu schlecht zu sehen war oder dergleichen *(siehe: Angst um den Vergaser; Angst vorm Altern; Angst vor den Eltern).*

Eine andere Möglichkeit für Menschen aller Generationen besteht natürlich darin, sich mit Hilfsmitteln selbst aus dem Gleichgewicht zu bringen, wie schweren Taschen am Lenker oder der kichernden Freundin auf dem Gepäckträger.

Auch unter Alkoholeinfluss sind Stürze häufig vorprogrammiert. Was insbesondere dadurch an Reiz gewinnt, dass einem das Fahrrad ja von manchen als Alternative zum PKW bei Trunkenheit empfohlen wird. Wahrscheinlich, weil die Konsequenzen durchaus schmerzhafter sein können. Und den Richtigen treffen: Auf diese Weise hat sich schon mancher Trinker gesundgestoßen.

Eine weitere Fahrradangst bezieht sich darauf, von einem Drahtesel erfasst zu werden. Was gerade in Ballungsräumen sehr gefährlich werden kann. Insbesondere Fahrradkuriere sind dort stets mit deutlich überhöhter Geschwindigkeit unterwegs, nicht nur, aber auch auf Fahrradwegen. Sie stehen stets unter Druck und auf dem Schlauch. Allein der Anblick eines Kuriers ist furchterregend und erinnert an den »Kurier des Zaren«, wie ihn der (von der Springerpresse in den Tod getriebene) Raimund Harmstorf verkörperte: gehetzter, irrer Blick, aus Augen, die tief in dunklen Höhlen liegen, da Schlaf im Leben eines Boten eine deutlich untergeordnete Rolle spielt. Manche der modernen Kuriere tragen daher auch ganzjährig verspiegelte Sonnenbrillen. Dazu zerrissene, maximal dreiviertellange Hosen und Schuhe mit Spikes, die mit dem Blut ihrer Opfer getränkt sind. Wild stehen die aus Zeitmangel schon lang nicht mehr gewaschenen oder geschnittenen Haare in die Gegend. Ellenbogen- oder Knieschützer haben Kuriere selbstverständlich nicht. Das wäre das falsche Signal, denn das hieße ja, sich bereits vorab mit dem Sturz anzufreunden. Einen Helm dagegen tragen sie, weil dieser ihr Drohpotential erhöht: Allein seinetwegen flüchten die meisten Fußgänger schon in die Hauseingänge, wenn sie seiner gewahr werden, stammt er in aller Regel doch aus dem ersten Weltkrieg. Der Helm, nicht der Kurier. Man hat sogar schon Original-Pickelhauben gesehen. Der Drahtesel des Fahrradkuriers ist karg: nackter schwarzer Stahl, mehr nicht. Damit sie es sich nicht zu bequem machen können, gibt es keinen Sattel. Ein Schutzblech auch nicht. Der in alle Richtungen ungehindert spritzende Dreck bestraft vielmehr die Passanten, die es wagen, nicht ausreichend Abstand zu halten. Verwandte kennen diese Radrowdys nicht, als Freunde haben sie nur sich selbst. Ausgebildet werden sie in abgeschirmten Camps im bergischen Land. Um danach eine Schneise der Verwüstung durch unsere Städte zu ziehen. Der Fahrradkurier ist der Selbstmordattentäter der westlichen Welt. Im Jenseits erhält er 72 Polstersessel.

Allerdings ist man auch auf dem Land nicht frei von der Angst vor dem Fahrrad. In abgeschiedenen Regionen wie dem Harz oder dem Hunsrück ist es den Menschen schlicht zu schnell. Die lokalen Medizinmänner warnen die Eingeborenen nach wie vor vor diesem Verkehrsmittel.

Aber neben der Geschwindigkeit gibt es auch noch ein weiteres angsterregendes Merkmal des Fahrradfahrens: die äußere Erscheinung. Wenn man beispielsweise als evangelischer Pfarrer in seiner Freizeit mit seiner Familie die Karl-May-Festspiele besucht und daher Federschmuck und Kriegsbemalung trägt, möchte man nicht gesehen werden. Oder nur von Blutsverwandten. Gleiches gilt für die Menschen, die sich sonntags in zu enge, pastellfarben gemusterte Fahrradanzüge quetschen (mit Gesäß-polster, auch Sitzpad genannt) und in ihre zu kleinen Schüh-chen, Ruckedikühchen. Auf dem Kopf befindet sich ein lustiger Bärchenhelm von Lidl, an den klammen Fingern Handschuhe von Penny und am Lenker eine Trinkflasche von IKEA. Dies ist an sich schon kein schöner Anblick. Noch peinlicher ist es aber, wenn diese Klödens und Armstrongs für Arme während ihres so-genannten Trainings plötzlich grußlos in den Straßengraben kippen. Dabei gesehen zu werden, bereitet ihnen Sorgen.

Häufige Opfer	Berühmte Fälle	Größte Feinde	Fortbildung	Verwandte Ängste
• Fußgänger • Autofahrer	• Pietro Ferrero* • Rudolf Scharping** • Stefan Raab***	• Automobil • ADAC • Glasscherben • Drogen	• »Taxi« (Gérard Pirès) • »Subway« (Luc Besson) • »Immer die Radfahrer« (Hans Deppe)	• Angst vor Draht • Angst vor Eseln

* Der Nutella-Chef starb 2011 bei einem Fahrradunfall.

** Der Ex-SPD-Chef fiel 1996 und 1999 krankenhausreif vom Fahrrad und übernahm konsequenterweise 2005 die Leitung des Bundes Deutscher Rad-fahrer. Lohn der Mühe: In dem Jahr gab's nur noch ne Beule.

*** Stefan Raab knallte 2010 in einer Live-Sendung vom Mountainbike aufs Ge-sicht. An den Rest der Sendung erinnert er sich nicht mehr. Wir schon.

GERMAN ANGST

»German Angst« ist ein internationaler Fachausdruck für die unseren Landsleuten zugeschriebene Form des skeptischen Pessimismus. Das dazu passende Geräusch wäre am ehesten ein tiefer Seufzer. Wir bringen damit zum Ausdruck, dass wir nicht an Änderung glauben – und in keinem Falle an eine zum Guten. Wir wissen nicht, was wir tun sollen – aber immerhin wissen wir ganz genau, dass das, was wir tun, das Falsche gewesen sein wird. Und tun dann lieber gar nichts. Es ist eine Form von Fatalismus, garniert mit einem Hauch negativer Zukunftserwartung und moralischer Egozentrik.

»German Angst« entspringt wohl originär der Vorsicht des Nordmannes, der für die kalte Jahreszeit Vorräte anlegen musste, um nicht zu verhungern. Daher war sein Lebenswandel stets geprägt von Vorsicht und Berechnung. Die Bewohner südlicherer Regionen gelten dagegen als glücklicher, sind aber meist hungrig.

Neben den alltäglichen, der Depression ähnlichen Formen erscheint die »German Angst« auch in der Außenpolitik: als eine Art Zaudern. Deutschland wägt so lange ab, ob Gewalt gegen einen Diktator angewendet werden darf, bis dieser alle Oppositionellen eliminiert und sich das Problem somit erledigt hat. Wir seufzen dann einmal tief und zweifeln andernorts weiter. Unser kollektives Verhalten ähnelt darin auch dem individuellen: Andere Nationen vergleichen unsere Regierungen in ihrer Entscheidungsfreude gerne mit Eltern, die so lange diskutieren, ob sie ihren Kindern das Tischdecken zumuten können, bis diese ausgezogen sind. Jahrzehntelang kämpfte Deutschland um die Möglichkeit, am zentralen Tisch der Weltpolitik zu sitzen und mitzuentscheiden. Und was war konsequenterweise unsere erste Amtshandlung im Sicherheitsrat der Vereinten Nationen? Eine Enthaltung.

Diese Regeln der »German Angst« lassen sich ohne Weiteres auch im Privatleben anwenden. Zu Silvester kann man an Dutzenden unterschiedlicher Veranstaltungsorte Karten oder in Restaurants Sitzplätze reservieren – um dann letzten Endes zuhause mit Freunden einen Spieleabend zu machen. Mit Raclette. Im Urlaub kann man früh aufstehen und Handtücher auf eine Vielzahl von Sonnenstühlen in unterschiedlichen Positionen und Himmelsrichtungen legen, um zu guter Letzt aber wegen der Hitze lieber auf dem klimatisierten Zimmer zu bleiben. Man kann sich nach dem Abitur um unterschiedliche Studienplätze bewerben in unterschiedlichen Fächern und an unterschiedlichen Orten – um dann doch den elterlichen Hof zu übernehmen. Probieren Sie es aus! Ihre Angst, das Falsche zu tun, wird umso größer, je mehr Möglichkeiten Sie nicht wahrgenommen haben. Beschäftigen Sie sich mit Politik, lesen Sie die Zeitung und sehen Sie regelmäßig die Tagesschau. Seufzen Sie tief und sagen Sie: »Man müsste mal ...« oder »Das kann so nicht weitergehen!«. Und tun Sie: nichts. Irgendwann fürchten Sie sich dann sogar davor, überhaupt vor die Tür zu treten. Weil da draußen zu viele Leute sind, denen Sie nicht geholfen haben.

Häufige Opfer	Berühmte Fälle	Größte Feinde	Fortbildung	Verwandte Ängste
• Deutsche • Protestanten	• Guido Westerwelle • Edmund Stoiber • Horst Köhler • Christian Wulff	• Sonnen-schein • Handlungs-freude • Drogen	• »Die ZEIT« • SPD-Programme	• Angst vor Entschei-dungen • Angst vor Fremden

ANGST VOR HUNDEN
(Lupophobie)

Die Furcht vor Hunden ist eine schöne Illustration der Irrationalität von Ängsten. Schließlich sind 95 % dieser Vierbeiner zahm, friedlich, geradezu devot. Dennoch fürchten sich viele vor ihnen.

Grund dafür mag zunächst eine hygienische Angst sein, eine Art Ekel angesichts dieses Gesabbers, Geschlabbers und hündischen Gegeifers. Also dieselbe Abscheu, die wir empfinden, wenn wir einem Mitglied der Jungen Union begegnen. Von diesen Schleimern will sich ja auch keiner die Zunge durchs Gesicht ziehen lassen.

Beim Kontakt mit einem Hund können sich unbestritten vielerlei Krankheiten übertragen. Gerade der Allergiker ängstigt sich vor dem Ausfluss des Tieres und damit auch vor dessen Fell, denn Hunde sind bekanntlich Selbstlecker. Aus demselben Grund meidet er auch Bauernhöfe, Wohnungen mit Teppichboden und die chinesische Küche.

Zum anderen handelt es sich sicherlich um genetisch gespeicherte Ängste vor dem Hund als wolfsähnlichem Tier. Man fürchtet stets, nicht auf einen zahmen, erzogenen Hund zu treffen, sondern auf einen wilden oder für die Jagd abgerichteten. Oder auf einen Kampfhund. Oder aber auf einen tollwütigen. Oder gleich auf mehrere. Dazu muss man aber schon nach Ostdeutschland fahren. In Brandenburg sind ja erstmals wieder echte Wölfe aufgetaucht. Mit roten Augen und Geheul, das volle Programm. Freie Wildbahn ist daher für dieses Bundesland eine mehr als treffende Beschreibung.

Der Hund hat natürlich, zumindest ab einer gewissen Größe, durchaus Drohpotential. Und seinen Charakter sieht man nicht. Ebenso wenig wie eine Leine, selbst dort, wo sie vorgeschrieben wäre. Insofern muss jeder Spaziergänger spekulieren, wie es die Dogge wohl meint, die ihm gerade ihre 80 Kilo ins Gesicht wuchtet. Krieg oder Frieden? Gern genommen wird in dem Moment der Ruf des Herrchens: »Der will nur spielen!«.

Und Bisswunden sind zweifellos unangenehm, gerade im Nacken oder an der Kehle. Es sei denn, man steht auf Vampire.

Bellen aber schützt vor Beißen nicht. Fürchten muss man daher den Hund, der sein Revier verteidigt. Oder den, der sein Weibchen verteidigt oder seine Jungen. Und den, der sich selbst verteidigt. Und den, der einfach nur Druck hat. Und sich beispielsweise seine Zahnzwischenräume reinigen möchte und feststellt, dass seine Zahnseide zur Neige gegangen ist. Sorgen machen muss man sich auch bei kastrierten Hunden. Die verteidigen und bespringen alles und jeden, da sie sexuell völlig die Orientierung verloren haben.

Hunde stecken auch völlig fremden Menschen, die ihnen entgegenkommen, ihren Kopf zwischen die Beine und bewegen ihn dort ruckartig hin und her. Gerne springen sie auch an der Hose hoch und bewegen sich dort rhythmisch auf und ab. Hier fürchten sensible Seelen eine Begattung durch eine biologisch fremde Art und sorgen sich um den korrekten Fortlauf der Evolution.

Angst vor Hunden kann man zudem als Verkehrsteilnehmer haben. Tiere ab 1,20 m Kammhöhe können ein echtes Problem darstellen und am Kotflügel (sic!) von Papas Daimler unangenehme Spuren hinterlassen *(siehe: Angst um den Vergaser)*. Oder auch einen Fahrradfahrer ruckartig zum Stehen bringen. Bzw. nicht den Fahrer im eigentlichen Sinne, sondern nur dessen Rad. Sollten Sie mit Schmerzen drei Meter weiter im Gebüsch gelandet sein, wird das Tier Ihnen aber zum Trost gerne die Zunge durchs Gesicht ziehen. Kleinere Hunde sind nicht unbedingt weniger gefährlich, können sie sich doch in den Speichen verfangen.

Viele Menschen haben zudem panische Angst vor den Exkrementen, die Hunde allerorten hinterlassen. Nachdem man einmal hineingetreten ist, hat man ja in aller Regel eine Woche was davon. Auch die dunklen Ränder ihrer Reviermarkierungen an Telefonzellen und Stromkästen sind eine sinnliche Belastung. Insofern korrespondiert die Angst vor Hunden olfaktorisch häufig auch der → Angst vor Männern.

Häufige Opfer	Berühmte Fälle	Größte Feinde	Fortbildung	Verwandte Ängste
• Spaziergänger • Postboten • (Gebrannte) Kinder	• Mel Gibson • Jean Reno • Kurt Tucholsky • Woody Allen	• Eigener Kampfhund • Maulkorb und Leine • Rücksichtsvolle Halter • Drogen	• »Lethal Weapon 2« *(Richard Donner)* • »Die purpurnen Flüsse« *(Mathieu Kassovitz)* • »Der Hund von Baskerville« *(Sir Arthur Conan Doyle)* • Alle Alben von Snoop Dog	• Angst vor Wölfen • Angst vor Brandenburg • Angst vor Katzen

ANGST VOR GEWITTER
(Fulguraphobie)

Die Angst vor Gewittern zieht sich durch die Menschheitsgeschichte. Die lange Zeit unerklärbaren Naturgewalten, die Spannung, der Luftdruck, die Geräuschkulisse – all dies vermag jedes Lebewesen zu erschrecken.

Der Regen findet dabei in aller Regel keine besondere Beachtung. Auch der Donner hat oft schon etwas Versöhnliches, Abwiegelndes: Das Schlimmste ist vorbei. Der Schockauslöser schlechthin aber ist der Blitz. Er kommt unangekündigt, reißt den Himmel auf und macht die Nacht taghell. Er ist daher bei Einbrechern besonders unbeliebt *(siehe: Angst vor Dunkelheit)*.

Er transportiert zudem elektrische Spannung. Bereits vor der Erfindung der Glühbirne war der Menschheit bekannt, dass man vom Blitzschlag sterben kann. Statistisch kommt dies selten vor, aber wenn, möchte man nicht dabei sein. Die Treffgenauigkeit eines Blitzes entspricht in etwa der des VfL Osnabrück. Aber für beide gilt: Wenn, dann richtig.

Gewitter entstehen durch das Aufeinandertreffen unterschiedlicher Temperaturen, die sich, vereinfacht formuliert, qua Entladung aneinander anpassen. Insofern entspricht die Position des Menschen in einem solchen Sturm der des Kindes, das seinen Eltern beim Streiten zusieht: Es weiß nicht genau, worum es geht und wer angefangen hat. Aber es kann sich sicher sein: Das Risiko ist extrem hoch, als Ableiter benutzt zu werden. Dann setzt es, wie man es im letzten Jahrtausend so treffend formulierte, »ein Donnerwetter«.

Unsere Angst vor Gewitter hat uns aber nicht davon abgehalten, das Phänomen Blitz als Inspiration für fotografische Effekte zu nutzen. Dort erzeugen wir ihn selbst. Und in aller Regel donnerfrei. Dies führt beim Könner im Studio durchaus zu ansehnlichen Portraits. Beim Amateur in freier Natur allerdings wird dann meistens der Vordergrund weiß, der Hintergrund aber ist trotzdem nicht zu sehen. Gerne genommen wird auch der »Rote-Augen-Effekt«, den man im Anschluss aufwändig wieder rückgängig machen muss, damit die Liebsten auf dem Bild nicht aussehen, als kämen sie gerade von einem mehrtägigen Aufenthalt in einem überchlorten Schwimmbad zurück. Oder von einem Massenbegräbnis. Oder noch schlimmer: aus Brandenburg *(siehe: Angst vor Hunden)*.

Viele Menschen fürchten aber auch diese zivilisatorische Form des Blitzes. In manchen Kulturen glaubt man, er stehle die Seele. Bei uns wollen manche einfach nur nicht abgelichtet werden. Weil sie sich für unattraktiv halten oder nicht möchten, dass ihr nächtlicher Aufenthalt an dieser Hotelbar in dieser Begleitung dokumentiert wird. Oder, weil sie einfach zu schnell fuhren.

Die Radarmessung ist wohl die unbeliebteste Erscheinungsform des Blitzes. Obwohl sie selten Todesfälle nach sich zieht. Aber selbst das kommt vor: Unvergessen die zahllosen kreuzgefährlichen Vollbremsungen auf deutschen Autobahnen, nachdem die nationalen Qualitätsunternehmen Daimler und Telekom mit ihrer Tochterfirma *Toll Collect* die neuen Mautanlagen installiert hatten. Viele PKW-Fahrer hielten diese für Radarfallen und stiegen bei ihrem Anblick abrupt in die Eisen. Denn noch mehr als vor dem Kommunismus oder vor Unordnung fürchtet der Deutsche sich vor Punkten in Flensburg oder dem Führerscheinentzug *(siehe: Angst um den Vergaser)*.

Um Angst vor Gewitter empfinden zu können, ist lediglich eine gewisse Schreckhaftigkeit bzw. Grundnervosität vonnöten. Wir empfehlen, auf feste Nahrung weitestgehend zu verzichten und viel Kaffee zu trinken. Dies wird sich positiv auswirken, zumal Gewitter meist in den Abendstunden auftreten, wenn die Koffeinkonzentration im Körper am höchsten sein dürfte..

Häufige Opfer	Berühmte Fälle	Größte Feinde	Fortbildung	Verwandte Ängste
• Kinder • Raser • Models	• Kai Pflaume • Leo Kirch • Madonna • Benjamin Franklin	• Bettdecke • Oropax • Blitzableiter • Drogen	• »Der Sturm« *(Wolfgang Petersen)* • »2012« *(Roland Emmerich)* • Alle Edgar-Wallace-Filme	• Angst vor Dunkelheit • Angst vor Lärm • Angst vor dem Tod

ANGST VORM FLIEGEN
(Aviophobie)

Das Fliegen war immer schon die größte Sehnsucht des Menschen – und seine womöglich größte Furcht. Hier kulminieren zahlreiche Ängste: die vor der Technik, die vor den Fremden, die vor der Höhe, die vor dem Tod – und die vor Tomatensaft. In anderen Worten: Das Flugzeug ist der Fahrstuhl für Fortgeschrittene.

Aufgrund sinkender Preise wurden Flugreisen in den letzten Jahren für immer mehr Menschen bezahlbar. Die Verkehrssicherheit hat sich parallel zu den Preisen entwickelt. Die pfeilschnelle Abfertigung einer Maschine durch osteuropäische Billiglöhner mit schwerer Stoffwechselerkrankung und geringer Restlebenszeit muss nicht immer nur positiv sein. Vor allem, da man schon auf seinem Platz sitzt, wenn man durch einen Blick aus dem Fenster der abgemagerten, abhustenden rumänischen Hilfsarbeiter auf dem Rollfeld gewahr wird. Aus Angst um unser Geld erhöhen wir das Absturzrisiko – ein prima Deal! Leider haut er hinten und vorne nicht hin.

Der Körper reagiert mit entsprechenden Ausschüttungen. Die erste Reise mit einem Billigfluganbieter ist ein unglaublicher Rausch, der nach stetiger Wiederholung verlangt. Ich jedenfalls bin seit meinem Entjungfernflug in Abhängigkeit geraten und muss immer und immer wieder dieses Angstszenario durchleben. Ich empfehle es dringend zur Nachahmung! Jeder Flug mit einem dieser Flugdiscounter bringt dich in akute Lebensgefahr *und* lässt dich mit dem Gefühl zurück, vom Anfang bis zum Ende ausgeplündert worden zu sein. Wenn du überlebst, ist alles, was du anschließend noch hast, ein Totenhemd.

Der phobische Höhenflug beginnt bereits bei der Buchung – die man natürlich beratungsfrei im Internet selbst vorzunehmen hat. Dadurch wird ja alles angeblich günstiger. In diesem Falle allerdings relativiert sich das schnell: Bei der irischen Billigflugschleuder gibt es z.B. lustige Zusatzgebühren für »Internetnutzung« – als gehöre das World Wide Web ihnen und sie würden es uns leihweise zur Verfügung stellen. Außerdem werden die Preise angegeben in einer fremden Währung und sind nach dem Umrechnen mindestens doppelt so hoch. Der Transport von Koffern ist selbstverständlich auch nicht inbegriffen. Wer Gepäck dabeihat, braucht zudem die sogenannte »Flughafenabfertigung«, die gibt es allerdings zum einmaligen Schnäppchenpreis.

Außerdem kann man extra bezahlen, um als einer der ersten das Flugzeug betreten zu dürfen. Was bedeutet, dass nur die Prekariats-Elite sich die Plätze am Notausstieg sichern kann, die im wahrscheinlichen Ernstfall das Überleben sichern. Zudem kann man zahlreiche weitere Angebote annehmen: Hotel, Mietwagen oder Hostessen am Zielort. Das ist eine Überlegung wert – zum Zeitpunkt der Buchung glaubt man ja noch, liquide zu sein. Ganz Schlaue verfassen vor dem Start sogar noch ein Testament. Auf den ersten Blick realistisch, aber in Wirklichkeit naiv: Als hätten sie danach noch etwas zu vererben!

Die Billigfluglinien nutzen in aller Regel aus Kostengründen keine etablierten, urbanen Flughäfen, sondern stillgelegte militärische Einrichtungen, die, gut getarnt, im Westerwald liegen oder im Hunsrück. Es handelt sich dabei zumeist um schlichte

Wellblechhallen, die wie Flüchtlingslager wirken. Keiner der Passagiere hat einen Koffer dabei. Wahrscheinlich, weil alle denken, dass sie ohnehin sterben müssen und, wie es heißt, nichts mitnehmen können. Oder aber die Passagiere reizt die Vorstellung, ihren vierzehntägigen Campingurlaub ohne Wäschewechsel zu verbringen: Wandern, draußen schlafen, Schnaps trinken – alles in denselben Klamotten. Manche Menschen in dieser Halle verströmen jedenfalls ein Aroma, als hätten sie eine solche Reise gerade hinter sich.

Vielleicht sind diese Fluggäste aber auch einfach auch nur Profis. Und wissen beispielsweise, dass man zwar bei der Buchung eine Gebühr für den Transport des Koffers bezahlt hat, es aber dennoch eine Höchstgrenze für dessen Gewicht gibt. Im Gegensatz zum Beispiel zu mir bei meiner ersten derartigen Reise, der ich beim Ausflug nach Schottland mit meinem damals sechsjährigen Sohn in die Falle tappte und plötzlich am Gepäckschalter mit einer jungen Mitarbeiterin konfrontiert wurde, die behauptete, dass unser Koffer zu schwer sei. Worauf sich folgender Dialog entspann:

Ich: »Was heißt ›zu schwer‹? Sie müssen den ja nicht tragen, das ist doch ein Rollkoffer!« – Sie: »Nicht zu schwer für mich. Fürs Flugzeug!« Ich: »Was? Heben wir dann nicht ab oder was?« – Sie: »Schon, aber für Gepäck gibt es eine Höchstgrenze?« – Ich: »Oh. Und wo liegt die?« – Sie: »15 Kilo maximal.« – Frage ich: »Pro Person?« – »Nein«, sagt sie, »pro Gepäckstück!« – Ich: »Oh. Wieso das denn? Die anderen Passagiere haben doch alle keine Koffer dabei!« – Sie: »Trotzdem, tut mir leid. Und bevor Sie fragen: Jetzt noch ein Gepäckstück für die zweite Person anzumelden, ist leider nicht mehr möglich.« – Ich: »Wieviel ist unser Trolley denn zu schwer?« – Sie: »Tja, das sind satte 9 Kilo. Das kostet Übergebühr.« – Ich: »Oh.« – Sie: »15 Euro pro Kilo.« – Ich: »Oh. Da kostet der Transport von einem Kilo Gepäck ja mehr als der Flug für uns beide!« – Sie: »Tja ... Vielleicht können Sie noch was hierlassen? Oder in das Handgepäck umpacken?« – Ich: »Ja! Klar! Oder wir bleiben hier und geben dem Trolley das Ticket! Oder noch besser: Der Koffer sitzt neben mir und mein Sohn kommt in den Gepäckraum – der wiegt weniger. Sie haben doch diese Kisten für Haustiere, die mit den Luftlöchern im Deckel ...« – Sie: »Ja, aber die kosten 120 Euro.«

Das ist eine humanistisch Gebildeten bekannte Situation: Die Rede ist von Styx. Gemeint ist allerdings nicht der Fluss (sonst hätte ich selbstverständlich den *dativus liquidus* verwendet), sondern die Band aus Chikago und ihr größter Hit »Boat on the river«. Waldorfschüler fühlen sich lediglich erinnert an Chris de Burgh mit »Don't pay the ferryman«. Die Idee ist dieselbe: Der Reisende auf dem Weg ins Jenseits soll vorab den Transfer zahlen. Davon, sein Gepäck auf den Müll zu werfen, ist allerdings nirgends die Rede. Vielleicht ist das aber der wahre Hintergrund? Vielleicht sind diese Flugunternehmen Teil eines sozialen Lastenausgleichs zugunsten der armen Bundesländer?! Vielleicht leben die Menschen im Hunsrück schon seit Langem von zurückgelassenen Gepäckstücken?

Vielleicht geht es allerdings auch um Läuterung: Kurz vor dem Fegefeuer probt man den Verzicht auf irdische Güter. Abschied muss man üben, heißt es. Ich jedenfalls habe das in dieser Lage getan. Denn man sollte jede Gelegenheit nutzen, um sich von Sachen zu trennen. Das gilt zumindest für unsere Kulturbeutel. Als Mann kann man am besten auf die Hygieneartikel verzichten. Danach wandern aber auch noch weitere Luxusgüter auf den Müll. Dann packe ich alles Mögliche aus dem Koffer in zwei Plastiktüten um, die ich an einem Kiosk aufgetrieben habe. Irgendwann sind sie zwar voll, aber der Koffer ist immer noch zu schwer. Ich stopfe meinem Sohn seine Unterhosen in die Hosentaschen und werfe mir noch drei Pullover über. Aus meiner Jacke ragen hinten gelbe Piratengummistiefel heraus. Mitleidige Blicke streifen uns. Eine Dame steckt meinem Jungen Vitaminkapseln zu und raunt: »Jeden Tag eine. Das hilft gegen Skorbut!«

Zu guter Letzt sind es immer noch 3 Kilo Übergewicht – und das nur beim Koffer! Die Strafe ist spürbar: 45 Euro Zusatzgebühren. Mittlerweile sind wir bei einem gefühlten Gesamtpreis von 889 Euro. Da hätten wir auch mit der Lufthansa fliegen können, erster Klasse, über Dubai. Zudem sind wir völlig überkleidet und riechen binnen Sekunden wie die kofferlosen Passagiere. Schwitzend und schweigend hasten wir zum Flugzeug.

Die sicherlich bei diesen Billiglinien ohnehin völlig irrelevanten Warndurchsagen an Bord können wir nicht verstehen, da sie in einer außerirdisch klingenden Sprache vorgetragen werden. Es handelt sich offenbar um eine moderne Form von Esperanto, inklusive Osterweiterung.

Während des Fluges bekommen wir Getränke angeboten. Pro Schluck 10 Euro. Ich verzichte dankend, da mein Sohn ja Vitaminkapseln hat. Als ich ihm Wasser aus der Nasszelle holen will, um diese darin aufzulösen, muss ich allerdings feststellen, dass die Toilettenbenutzung 15 Euro kostet. Netterweise bringt ihm eine Stewardess einen Becher Leitungswasser vorbei. Macht 4,50 Euro. Stewardess auf den Arsch geguckt: 17,20 Euro. Draußen strahlend blauer Himmel: 40 Euro.

Noch nie war die Erleichterung nach der Landung so groß, noch nie der Zwang zum Applaus derart unmenschlich stark. Angesichts der Voraussetzungen war die Wahrscheinlichkeit, diesen Flug zu überleben, ausgesprochen gering. Und der Preis für dieses Risiko zu hoch. Und dennoch sind wir noch am Leben. Ich starre in den Nebel über dem Rollfeld und sehe, dass sich nur eine Landeklappe geöffnet hatte und die Reifen kaum noch Luft haben. Die hiesigen Flughafenmitarbeiter laufen jubelnd hinter der Maschine her und sammeln das Geflügelragout auf, das aus den Düsen rieselt.

Tiefe Dankbarkeit durchflutet den Körper. Geld hast du nicht nur nicht mehr, du brauchst es auch nie wieder. Dein ganzes Leben ändert sich. Du beginnst, Angst zu genießen – und den Moment, wenn die Gefahr vorüber ist. Und willst das immer und immer wieder. Du lernst, loszulassen. Dich selbst, deinen Besitz, die Menschen, die du liebst. Und den Tomatensaft. Es gibt keine bessere Angstschule.

Häufige Opfer	Berühmte Fälle	Größte Feinde	Fortbildung	Verwandte Ängste
• Mütter • Piloten	• Dennis Bergkamp • Jennifer Aniston	• Pilotenstreik • ICE • Ölkrise • Drogen	• »Einsame Entschei-dung« *(Stuart Baird)* • »Airport« *(George Seaton)* • »Die Hard 2« *(Renny Harlin)* • »Angst vorm Fliegen« *(Erica Jong)*	• Angst vor der Eisenbahn • Angst vor dem Tod • Angst vor der Höhe • Angst vor Technik

ANGST VOR DEM TOD
(Tanatophobie)

Die Angst vor dem Tod ist eine sehr generelle. Und eine erfreulicherweise total sinnlose, weil das Ereignis an sich unausweichlich ist. Angst hat man insofern eher vor dem Eintreten desselben. Diese Formulierung darf hier durchaus wörtlich genommen werden – derjenige, der eintritt, ist schließlich die Verkörperung des Todes, der sogenannte »Sensenmann«. Dessen »Besuch« fürchtet man. Allerdings nicht, weil er sich so schlecht benähme, rülpste, im Stehen urinierte oder dergleichen. »Besuch« ist hier eine grundsätzlich extrem unpassende Beschreibung. Denn der Anlass ist keineswegs harmlos: Der Tod kommt nicht zum Kaffee und bringt Blumen mit. Er geht auch nicht wieder, die Begegnung mit ihm ist in aller Regel unendlich. Außerdem kündigt er sich meist nicht an. Er taucht vielmehr irgendwann unvermittelt auf, wann es ihm passt, vielleicht mitten in der Nacht oder – sehr perfide – kurz vor der Sportschau. Besuch empfängt man zudem normalerweise zuhause. Der Sensenmann aber folgt einem überallhin, da ist er wahllos. Der geht mit seiner Klinge durchaus auch zum Friseur oder ins Bordell – und nimmt einen dann auch noch mit. Vor dem Höhepunkt. Ein toller Besuch! Der Tod ist wie die FDP: Will keiner, geht trotzdem nicht weg.

Wir stellen uns den Schnitter erschreckend vor, meistens in Form eines Skeletts mit Umhang. Und mit einer Sense – was im Mittelalter in einer bäuerlichen Gesellschaft noch als Schreckensvision angemessen gewesen sein mag, obwohl schon damals nicht sonderlich viele Menschen bei der Feldarbeit ihren Kopf verloren haben dürften.

In der modernen Großstadt aber ist diese Vorstellung definitiv überholt, sterben doch mittlerweile eindeutig mehr Menschen an einem durch ein elektrisches Gerät ausgelösten Stromschlag. Allerdings würde es den Schrecken des Todes deutlich verringern, wenn er plötzlich statt mit der Sense mit einem Fön vor der Tür stünde. Man hielte ihn womöglich für einen Außendienstmitarbeiter von Vorwerk und riefe nach dem Verbraucherschutz. Als ob die helfen könnten. Vielleicht würde man in ihm auch einen fehlgeleiteten Mitarbeiter des mobilen Frisierteams vermuten und ihn in den zweiten Stock schicken, zur bezaubernden, aber bettlägerigen Rentnerin. Zu der er vielleicht ja auch wirklich wollte.

Die Angst vor dem Tod ist relativ naheliegend: Wir alle wollen doch nicht wirklich lassen von dem, was wir Leben nennen. Und befürchten, dass wir das im Todesfalle aber unausweichlicherweise müssten. Uns ängstigt der Tod als die ultimative Beendigung unseres jetzigen Zustands, als unüberwindbarer Zaun, als Knast, aus dem es kein Entrinnen gibt. Bzw., je nach Weltanschauung, als sphärischer Zustand, in den wir befördert werden. Und in dem man sich vor lauter Ewigkeit bald zu Tode langweilt und nur noch ein Ende dieses permanenten Harfengedudels herbeisehnt. Aber noch einmal sterben ist nicht drin. Und ein Rückweg in aller Regel auch ausgeschlossen.

Daher wissen wir auch wenig über unseren Zustand nach dem Tod – noch niemand konnte glaubhaft davon berichten, Bilder oder Tonaufnahmen vorweisen. Manche angeblich Zurückgekehrte sprachen von einem Licht, andere von einem Tunnel. Hier mag die jeweilige Todesursache eine Rolle gespielt haben: Der eine befand sich auf den Gleisen, der andere im Führerhaus.

Der Tod ist die ultimative Grenze. Schon im normalen Leben gibt es daher kleine, tägliche Todeserfahrungen. Wer kennt es nicht, das kleine sogenannte Jenseits. Dass man abends nach Hause kommt und sagt: »Mann, bin ich hinüber!« Der Esoteriker wiederum denkt in so einer Verfassung: »Mann, bin ich hier und jetzt!« Das ist für ihn total frustrierend. Für ihn gibt es nämlich keine Grenzen. Deshalb geht er ja auch immer allen so auf die Nerven.

Esoteriker behaupten nämlich, sie stürben nicht, sondern kämen wieder und wieder. Damit man das nicht überprüfen kann, wechseln sie angeblich ihre Erscheinungsform: Sie leben erst als Feuerqualle, dann als Pantoffeltier, schließlich als Vollpfosten und so weiter. Tod ist für diese Menschen offenbar nichts Furchteinflößendes, sondern lediglich eine lästige, stets wiederkehrende Pflicht, wie der tägliche Weg ins Büro. Sie haben ihre kosmische Arbeit zu verrichten und werden damit natürlich nie fertig. Diese Menschen sind bemitleidenswert, weil ihnen mit der Angst vor dem Tod eine der schönsten Phobien versagt bleibt.

Das Jenseits muss natürlich nicht immer schlimm sein, es kann auch als Erfüllung vorgestellt werden. Selbst dann bleibt aber immer noch die zumindest vorübergehende räumliche Trennung vom eigenen und von anderen vertrauten Körpern doch ein Negativum, das den Tod nicht wirklich sympathisch macht. Dennoch gibt es sogar Menschen, die ihn freiwillig suchen und ihre Existenz selbst beenden.

Diese haben angeblich Angst vor dem Leben. Das ist ein weit-verbreiteter Irrtum: Auch diese Menschen fürchten den Tod. Was sie hassen, ist die Unwissenheit, der Kontrollverlust. Wann ist es soweit? Und auf welche Weise? So versuchen sie ihn zu überlisten, indem sie die Initiative übernehmen und überraschend bei ihm auftauchen. Vielleicht guckt er ja gerade »Six feet under« oder »SAW IV«.

Diese Menschen werden auch »Suizidale« genannt, was klingt, als wären es seriöse, alleinstehende Mittfünfziger, die man in ein kirchliches Amt gewählt hat. Sie glauben, ausgerechnet durch die Beendigung ihres Lebens die Kontrolle darüber zurückzuge-winnen. Ihnen erscheint der Suizid als elementarer Ausdruck menschlicher Freiheit. Es heißt dann: »Er nimmt sich das Le-ben«. Als ob er es nicht schon hätte. Und: Wo will er damit hin?

Im Zuge der Liberalisierung kam dafür auch der Begriff »Frei-tod« auf. Das allerdings klingt nach Gewinnspiel. Oder nach einem Rabattsystem wie »Payback«. Dabei ist der Tod umsonst. Das unterscheidet ihn wiederum von jeder anderen Reise *(siehe: Angst vorm Fliegen)*. Ein Reisebüro für Jenseitstouren wäre also bald pleite, müsste sich dafür allerdings auch seltener mit Rekla-mationen herumschlagen.

Die Lebenden empfinden den Freitod offenbar, insbesondere im christlichen Kulturkreis, als Affront. Da eine rückwirkende Bestrafung nicht mehr wirklich möglich ist, wird hier die Reli-gion bemüht, die bekanntlich zumeist Sonderabteilungen besitzt für alle Fragen, deren Antworten keiner kennt, und Bereiche, die noch nie jemand betreten hat. (Außer der *Enterprise* natürlich, die auch das limbische System bereits eingehend erforschte.)

Die Strafen sind spürbar: Katholischerseits wird man meistens gar nicht beerdigt, sondern liegengelassen. Unter dem Motto: »Diese Art von Sterben zählt nicht. Das muss korrigiert werden.«

Die evangelische Kirche bringt einen Suizidalen zwar gelegentlich unter die Erde, aber nur in einem speziellen Bereich des Friedhofs, einer Art Endlager für unauflösliche Sünden: Viele Gottesacker besitzen einen speziellen Bereich für Selbstmörder und Ehebrecher. Diese werden separat gelegt, damit sie andere nicht anstecken. Vielleicht hat man aber auch nur Angst, dass sie doch zurückkommen. Weil man ihnen gesagt hat, dass diese Art von Tod nicht die korrekte war. Oder weil sich plötzlich herausstellt, dass sie doch nicht nur das Leben, sondern auch den Tod selbst beenden können. So dürfte Walter Zombie zu seinen Filmen inspiriert worden sein.

Für Menschen mit esoterischem Weltbild macht die Selbstentleibung keinen Sinn, weil sie sowieso wiederkommen müssen. Und diesmal vielleicht als Nacktschnecke. Diese Menschen sind gestraft genug. Von ihrer Umgebung ganz zu schweigen.

Wenn man der deutschen Presse glauben darf, bewertet der Islam den Freitod völlig anders: Dort, heißt es, würden Suizidale sogar belohnt; mit ca. 82 Jungfrauen, bei gutem Verlauf sogar mehr. Da hat der Muslim natürlich Freude an der Arbeit und sucht das Ableben angeblich freiwillig. Ungläubigen bliebe diese Freude versagt, daher nimmt der Attentäter bei der Gelegenheit immer noch ein paar von ihnen mit. Auch davor kann man sich fürchten.

Angst vor dem Tod ist Bestandteil des Lebens – und genauso ausweglos. Eben darin liegt Ihre Chance: Sie können sich vor dem Exitus selbst fürchten, vor dem Zeitpunkt seines Eintretens, vor der Art und Weise des Verendens. Aber auch vor dem, was danach kommt: was mit Ihnen geschehen wird und was andere dann ohne Sie machen sollen. Oder alles zusammen.

Sterben kann man nicht üben. Das ist gut so, denn nur so erhalten wir die Chance, uns davor zu fürchten. Anderenfalls verlören wir womöglich die Angst vor dem Tod und er damit seine Macht über uns. Das wäre kontraproduktiv. Dennoch empfehlen wir, einen Friedhof zu besuchen und, insbesondere bei Regen und Wind, auf Grabsteine zu starren. Man sollte das Lebensalter der jeweiligen Verblichenen bzw. inzwischen womöglich gar Vermoderten berechnen, um der eigenen Vergänglichkeit gewahr zu werden. Menschen mit ohnehin ausgeprägtem Mandelkern müssen das Haus nicht einmal verlassen: Ein Blick in die Zeitung kann oft schon ausreichen. Die Todesanzeigen, insbesondere die für Verstorbene geringeren Alters, können Wunder wirken. Auch die Lektüre des außenpolitischen Teils, mit seinen Terroranschlägen, Naturkatastrophen und Bürgerkriegen, oder der Seite »Vermischtes« mit ihren Flugzeugabstürzen, Ehe- und Familientragödien vermittelt Ihnen das richtige Gefühl: Der Tod ist gemein, sinnlos, willkürlich und hinterhältig. Er kommt wie ein Dieb in der Nacht und raubt Ihnen zuerst den letzten Nerv und dann die Existenz.

Vermeiden Sie die Vorstellung, dass man ihm auch wohlwollend und furchtlos, vielleicht gar erleichtert begegnen kann. Der Tod kommt immer gewaltsam, ungewollt oder zumindest unpassend. Daran sollten Sie unbedingt festhalten, dann ist Ihrem Vorstellungsvermögen keine Grenze mehr gesetzt. Lassen Sie Ihrer Phantasie freien Lauf.

Dabei können Sie sich konzentrieren auf alles, was Sie noch nicht erreicht haben, aber unbedingt vor ihrem Ableben noch tun wollen. Idealerweise handelt es sich dabei um unrealistische Ziele (Erwerb einer Immobilie am Vierwaldstätter See, Besteigung des Mount Everest, Aussprache mit dem Vater), von deren Verwirklichung sie natürlich nur der Tod abhalten kann. Weshalb Sie ihm um jeden Preis aus dem Weg gehen müssen.

Häufige Opfer	Berühmte Fälle	Größte Feinde	Fortbildung	Verwandte Ängste
• Menschen	• Alle bis auf einen	• Ewiges Leben • Intensivstationen • Drogen	• Alle Filme von Steven Seagal • »Join me« (HIM)	• Angst vor dem Altern • Angst vor dem Jüngsten Gericht • Angst vor Gerüchen • Angst vor Dunkelheit • Angst vor Licht • Angst vor Harfen

ANGST VOR DEM WELTUNTERGANG
(Apokalypsophobie)

Erfreulicherweise steht uns schon für den 21. Dezember 2012 das Ende der Welt bevor. Das heißt: Nie wieder weihnachtlichen Shopping- und Verwandtenstress. Dafür ist der eine oder andere Familienvater durchaus bereit, die Apokalypse in Kauf zu nehmen. Für eine solche hielt er diese Feiertage ohnehin. Nur, dass die sich auch noch jährlich wiederholten.

Berechnet haben diesen Untergangstermin Nostradamus (ein französischer Apotheker), die Maya (ein Stamm mittelamerikanischer Architekten) und Roland Emmerich (schwäbischer Filmemacher). Und viele glauben tatsächlich seit längerem, dass die letzten Monate uns bevorstehen. Beispielsweise die Griechen. Dort wurde das bevorstehende Ende der Welt bedauerlicherweise als mutmachendes Signal missverstanden: als Einladung zu einem letzten, großen Fest. Dies ist selbstverständlich falsch.

Die Angst vor dem Weltuntergang ist, wie der Name schon sagt, global. In allen großen Kulturen tritt das Phänomen auf, existieren schlimmste Endzeitphantasien, von der Sintflut über Vampirismus bis zum Parteitag der Grünen. Manchen dieser Visionen liegt eine Art kalendarische Berechnung zugrunde, anderen lediglich eine zu schwere Mahlzeit nach Einbruch der Dunkelheit. Bei manchen ist der Weltuntergang verknüpft mit einer Hoffnung auf eine anschließende Verbesserung der Lage, bei anderen ist einfach nur alles zu Ende. Bei manchen macht Gott irgendwann Kassensturz, bei anderen sind es Wesen von anderen Sternen, die unsere Spielzeit auf diesem Planeten für beendet erklären. Darüber hinaus gibt es eine zunehmende Anzahl von Menschen, die die menschliche Zivilisation an sich verachten und davon ausgehen, dass wir uns eines Tages selbst mit unseren eigenen Erfindungen vernichten bzw. an den Folgen unserer Lebensweise krepieren werden und damit die Erde vom Parasiten »Mensch« befreien. Hier handelt es sich zumeist nicht um eine Welt-, sondern um eine Menschheitsuntergangsvision. Der Planet Erde dagegen wird angeblich aufatmen, wenn wir verschwunden sind.

Belege gibt es für all das nicht, ebenso wenig Erfahrungen – es wäre schließlich für uns alle das erste Mal. Aber Argumente braucht es für diese Form der Furcht auch nicht: Um Angst vor dem Weltuntergang zu empfinden, reicht ein mysteriöser Todesfall am anderen Ende der Welt. Allerdings sind Naturkatastrophen und ihre Konsequenzen als Auslöser massenhafter Panik besonders hoch im Kurs. Außerdem können solche Weltuntergangsängste auch entstehen angesichts von Krieg, Terror und Gewalt, die Eskalations- oder Vernichtungsszenarien aufs vortrefflichste zu begründen vermögen. Insbesondere die Atomkraft mit ihrer friedlichen wie militärischen Nutzung hat der Angst vor dem Weltuntergang eine neue Dimension verliehen. Das war auch nötig.

Denn im Laufe der Zivilisationsgeschichte nahm die Zahl relevanter körperlicher Gefahren für den Menschen leider deutlich ab. Dinosaurier beispielsweise treten schon länger nicht mehr öffentlich in Erscheinung, abgesehen von den Tourneen der »Rolling Stones«, welche mit Gebiss und Suspensorium allerdings auch keine wirkliche Bedrohung mehr sind. Daher hat unsere Kultur die erfreuliche Tendenz entwickelt, sich andere Objekte zu suchen, die als kollektive Gefahr empfunden werden können.

Insbesondere die Nachkriegsgenerationen haben große Routine entwickelt in der Entwicklung und Verarbeitung von Weltuntergängen. Wir haben etliche solcher Krisen überlebt: Vietnam, Tschernobyl, Contergan, Watergate, drei Klimakatastrophen, acht Tsunamis, siebzehn Ölpesten, Aids, SS 20 und Pershing II, Irakkrieg I und Irakkrieg II, Highlander 3 und Hartz IV, den 11. September und sogar den 3. Oktober.

Wir haben gelernt, in Angst zu leben. Wir hatten mindestens zwei Atomkriege samt nuklearem Winter, das Waldsterben und den Überwachungsstaat. Die Älteren erinnern sich an die Volkszählung im Jahr 1987 – ein Land in Panik: George Orwell, Big Brother is watching you. Allerdings lassen dieselben Leute, die damals dagegen waren, heute bei Facebook freiwillig die Hosen runter, manche sogar in sehr bildlichem Sinne.

Wir haben periodisch wiederkehrende Angst vor dem Bau von Autobahnen, Landebahnen – und neuerdings auch von Bahnhöfen. Stuttgart 21 ist nur ein blöder Tunnel unter einer hässlichen Stadt! Die man am besten komplett unter die Erde brächte. Aber wir geraten in Panik.

Für uns ist permanent Weltuntergang: Handys verursachen Krebs, Onanieren macht blind, abends warmes Essen macht dick, Chicken Nuggets sind nicht aus Huhn, die Teletubbies machen dumm, kurz: die Welt geht unter.

Im Zeitalter der Massenmedien verbreiten sich schlechte Nachrichten zudem wie früher nur Lauffeuer. Daher hat die Schreckhaftigkeit der gesamten Gesellschaft zugenommen. So werden ganze Kontinente hingerissen von Ängsten vor Infektionen, Überschwemmungen oder anderem Unheil. Die Details wie »Einzelfall«, »Sicherheitsvorkehrung« oder »Unfall« werden als Lüge wahrgenommen und dienen angeblich nur der Beschwichtigung der beunruhigten Öffentlichkeit.

Zum Konservieren der Angst sollte man Informationen ignorieren, die beruhigen könnten, indem sie zumindest statistische Antworten geben auf Fragen wie z. B. »Kann ein solcher Tsunami auch im Hunsrück auftreten?« oder »Kenne ich einen afrikanischen Wildhüter, bei dem ich mich anstecken könnte?«

Wir empfehlen daher, seriöse Printmedien zu meiden und sich auf die weitgehend recherchefrei arbeitenden, hochgetakteten Online-Medien oder die knapp zweiseitige Boulevardpresse zu konzentrieren. Nur deren dauerhafter Gefahrenpegel vermag das Hochgefühl kommender und gehender Bedrohung zu stabilisieren.

Häufige Opfer	Berühmte Fälle	Größte Feinde	Fortbildung	Verwandte Ängste
• Umwelt-aktivisten • Sektierer • Küsten-bewohner	• Claudia Roth • Nostradamus • Roland Emmerich	• Spaziergänge • Wissenschaft • Drogen	• »2012« *(Roland Emmerich)* • »Buch der Offenbarung« *(Johannes)* • »BILD-Zeitung«	• Angst vor Gewitter • Angst vor dem Tod • Angst vor dem Jüngsten Gericht • Angst vor Dunkelheit • Angst vor Licht • Angst vor Gott

ANGST VOR DEM ALLERSCHLIMMSTEN, FURCHTBARSTEN, DAS MAN SICH NUR VORSTELLEN KANN
(Panophantahorrophobie)

Ängste hervorrufen können auch Menschen, die Angst haben. Denn die geraten womöglich völlig außer Kontrolle.

Nie werde ich den Tag vergessen, an dem ich es zum ersten Mal hörte – das, was ich seitdem »den Schrei« nenne. Ausdruck der tiefsten, grausamsten Furcht, derer ich jemals Zeuge werden musste, abgesehen von Jamie Lee Curtis in »Halloween« natürlich.

Ich befand mich im Esszimmer der herrlichen Altbauwohnung, in der ich damals lebte. Eine bezaubernde junge Dame war gerade bei mir eingezogen und ich hatte das Gefühl, dass mein Leben sich verändern könnte. Nicht immer nur Sex, Geld und Alkohol, nein, auch mal Streit, Möbelkataloge und benutzte Tampons im Klo – warum nicht?

Ich schenkte uns gerade Wein ein und freute mich auf einen entspannten Filmabend. Wir hatten uns auf einen Emmerich-Film geeinigt, die kleine Katastrophe für zwischendurch. Und dann hörte ich ihn: *den Schrei*. Nicht aus dem Fernseher, sondern aus der Küche. Er war nicht artikuliert, er war nicht schrill – er war schlimmer. Es handelte sich einen der normalen Stimmlage meiner Geliebten absolut nicht entsprechenden, tiefen, kehligen Laut. Es war furchtbar. Mir brach sofort der Schweiß aus. Angst pur. Kennen wir ja auch aus dem Kino: Das Leben des Helden scheint endlich in Ordnung zu kommen; er hat mit seiner großen, neuen Liebe schließlich auch mal ein wenig Glück gehabt, nach seinen zahllosen, harten Opfern der Vergangenheit. Er verspricht, öfter und früher nach Hause zu kommen, sich in den Innendienst versetzen zu lassen. Und dann – zack – wird die Liebe seines Lebens brutal ermordet. Und es heißt doch wieder: Sex, Geld und Alkohol.

In größter Sorge stürzte ich in die Küche, wo sich meine Süße aufhielt. War jemand durch das Seitenfenster eingedrungen? Das Vordach des Nachbarhauses bot dafür eine Art ideale Räuberleiter – für uns ein steter Grund zur Unruhe.

Oder hatte sie sich verletzt? Die meisten Unfälle passieren im Haushalt. Oder war das der Hausflur? Vielleicht war auch dem Hund etwas zugestoßen? War sie plötzlich eines leblos in seinem Korb liegenden Kadavers gewahr geworden? War ihr Dalmatiner eines der zahllosen beklagenswerten Opfer dieser verschluckbaren Kleinteile von IKEA? Das würde zumindest den animalischen Klang ihrer Stimme erklären.

Verdammt, es hatte sich angehört, als wäre ihr die Seele mit einem Ruck aus dem Leib gefahren. Ja, doch, es hatte was vom »Exorzisten«.

Ich stürzte in die Küche, auf alles gefasst. Sapperlot, was sah ich da? Nichts. Meine Süße starrte einfach nur gegen die Wand. Oh Gott, dachte ich, sie hat den Verstand verloren, jetzt ist es passiert. Ausgerechnet heute, wo ich doch mit ihr »Independence Day« sehen wollte. Oder gerade deshalb?

Langsam, ganz langsam hob sich ihre Hand und ich realisierte, dass sie mir etwas zeigen wollte. Sie deutete auf den dunklen Spalt hinter Waschmaschine und Trockner. Was mochte da sein?

Einbrecher und kalter Hund waren damit jedenfalls ausgeschlossen. »Da ...«, sagte sie. »Äh, ja?«, erwiderte ich. Pause. Dann seufzte sie: »Spinne!« Ui, dachte ich, das ist was Ernstes, das Sprachzentrum ist betroffen. Ich war verunsichert und wiederholte daher einfach erstmal ihre Worte, um Zeit zu gewinnen. »Da, Spinne!«. Erneute Pause. Ich versuchte es erneut: »Und ...?« Sie: »Riesenspinne ...!!!« Ich brummte zustimmend, nachdem ich des Tieres nach einigem Suchen auch selbst gewahr geworden war. Die war für Spinnenverhältnisse wirklich riesig. Will sagen: Man konnte sie mit bloßem Auge erkennen. Langsam schien meine Süße zu realisieren, dass wir ja noch nicht so lange zusammenlebten und ich vielleicht eine Art Unerfahrenheit in solchen Situationen besitzen könnte. Sie stotterte: »Ich ... habe ... Angst vor Spinnen ...«

Ich bin in meinem Umfeld nicht für meine feine Klinge bekannt. Ich schätze den Säbel für seine klärende Wirkung endgültiger Art. Das Florett nehme ich nur zum Rasieren. Insofern war auch hier meine Reaktion weit entfernt von dem, was man landläufig »sensibel« zu nennen pflegt. Ich polterte: »Das musst du doch nicht, das ist doch lächerlich. Schließlich beißen die nicht!« Und zack, hatte ich ein Küchentuch in der Hand, die Spinne darin zerdrückt und in den Mülleimer geworfen.

Und wieder schrie sie auf. »Neiiiin!«, rief sie, »Tu das nicht! Das ist doch ein unschuldiges Tier!«. »Ja!«, sagte ich, »Und du hast davor Angst. Der Satz lautet: Töte, was du fürchtest. Und nicht: Schrei es an!« »Aber, aber ... Das war eine männliche Wolfsspinne!«. »Bitte?!«, sagte ich, »Eine was?« – »Eine männliche Wolfsspinne!« – »Von denen habe ich noch nie was gehört. Hast Du so was studiert? War das hier die letzte ihrer Art? Quasi der letzte Mohikaner? Und woher weißt du, dass das eine männliche Spinne war? Hast du ihr zwischen die Beine gesehen? Und, wenn ja, zwischen welche?«

Langsam aber kehrte Farbe in ihr Gesicht zurück und sie begann wieder zu atmen. Einen kurzen Moment fühlte ich mich als Held. Ich hatte sie vor der Brutalität der Natur gerettet und unseren gemeinsamen Lebensraum gegen die eindringenden Vorboten der Wildnis verteidigt. Ich war definitiv cool. Meine Süße starrte zwar noch den Rest des Abends paralysiert auf den Bildschirm. Das allerdings tat ich auch. »Independence Day«: Ein Säufer, ein Jude und ein Schwarzer retten die Welt. Zumindest ein ungewohnter Anblick.

Trotz des versauten Abends ging ich aber davon aus, dass sie den Verlust des Achtbeiners, das Aussterben der Wolfsspinnenart als solches verkraften würde. Schließlich hatte auch die Öffentlichkeit davon nicht im Geringsten Notiz genommen: Kein Greenpeace-Aktivist ließ sich an unserer Fassade herunter und kein Tierschützer baute in unserer Einfahrt seinen Infostand auf.

Es herrschte Frieden. Kurz.

Einige Wochen später gingen mir nämlich die Socken aus. Es verschwanden nicht einzelne, wie früher schon mal, nein, alle.

Bei Strümpfen handelt es sich meines Erachtens um elementare Ressourcen, die zum Überleben unverzichtbar sind. Nackten Fußes in die Schuhe gehört für mich zum Widerwärtigsten, was unsere Zeit so zu bieten hat. Rangiert direkt hinter Rektalgeräuschen als Klingelton und Barbusigen-Quizshows. Auch, wenn es sich beim Schuhinhalt um den gebräunten, schlanken Knö-

chel eines Seglers handelt: Das tut man nicht. Wenn ich keine Socken habe, bleibe ich lieber zuhause. In Sandalen wiederum gehören Strümpfe keinesfalls!

Also sah ich zutiefst besorgt nach, was passiert war. Ob womöglich der Abfluss verstopft wäre, die Waschmaschine defekt oder die Frau verstorben. Was insbesondere unglücklich gewesen wäre, da es die erste ihrer Art war, die sich bereiterklärt hatte, für meine Kleidung die Verantwortung zu übernehmen, inklusive Ausstattung und Auffrischung, Erwerb, ästhetischen Gesamtkonzepts – und eben auch Reinigung. Ihr Verlust hätte für mich definitiv auch Auswirkungen gehabt, was mein Erscheinungsbild anbetrifft. Auch das besorgte mich.

Im Sanitärbereich der Wohnung angekommen, musste ich feststellen, dass die Reinigungs-Abseite großräumig abgesperrt war. Davor türmte sich ein phänomenaler Schmutzwäscheberg, wie ich ihn seit meiner Studentenzeit in der Marburger WG nicht mehr gesehen hatte. Davor wiederum saß meine Allerwerteste. Ich war erleichtert, als ich sie sah. Was offenbar allerdings nicht auf Gegenseitigkeit beruhte: Befragt, was es denn mit diesem Haufen auf sich habe und ob es irgend etwas gebe, was ich wissen sollte, lavierte meine Süße im Kreis. Sie saß dort offenbar schon länger, war sichtbar erschöpft und kämpfte mit Kreislaufschwankungen, die wahrscheinlich auf Dehydration zurückzuführen waren.

Irgendwann gestand sie, dass es einen Wäsche-Delay gebe. »Oh«, sagte ich. Nun, sie komme bereits seit längerem nicht mehr an die Waschmaschine. »Oh!«, sagte ich erneut, »Wegen der vielen Wäsche davor?« – »Nein!«, antwortete sie, »Wegen der Spinne dahinter!« Ich griff bereits zum Küchentuch, da fiel sie mir in den Arm. »Genau deswegen habe ich nichts gesagt! Ich hatte Angst, dass du sie wieder tötest! Bitte, bitte, tu ihr nichts!« – »Hm«, grübelte ich, »Stirbt dann wieder jemand aus? Sollen wir jetzt ihretwegen umziehen? Oder barfuß laufen, bis das Vieh eines natürlichen Todes stirbt? Oder sich womöglich auch noch bei uns in einer für dich zufriedenstellenden Weise vermehrt hat?« – »Bitte, bitte, tu ihr nichts! Bring sie einfach raus!!!!«

Ich war gerührt. Mit welchem Pathos sie sich für die Schwachen einsetzte! Für die Wehrlosen! Für die Stummen! Ich lenkte ein. Schließlich würde ich eines Tages womöglich selbst solcher Zuwendung bedürfen, wenn ich schwach, wehrlos und stumm wäre. Als der Letzte einer aussterbenden Art fühle ich mich ohnehin schon lange.

Seit diesem Tag also nehme ich periodisch wiederkehrend Glas und Bierdeckel zur Hand, um Spinnen aus Ecken und Ritzen zu pflücken, sie unverletzt in das nächste Gebüsch zu tragen und dort freizulassen. Und jedes Mal fühle ich mich wie ein Held: Ich rette meine Frau UND die Welt. Nur blöd, dass Spinnen einen phänomenalen Orientierungssinn haben. Mittlerweile frage ich mich, ob es sich nicht immer wieder um dasselbe Exemplar handelt. Jedes Mal, wenn ich sie raustrage, überlegt sich die Spinne schon wieder einen Weg hinein. Ich bin Sisyphos. Oder Unkas. Oder Spider Man. Egal – Ich bin ein Held. Danke, Angst!

Häufige Opfer	Berühmte Fälle	Größte Feinde	Fortbildung	Verwandte Ängste
• Frauen • Fliegen	• Harry Potter • Giulia Siegel • Johnny Depp	• Putzfrau • Drogen	• »Spider Man« *(Sam Raimi)* • »Itsy Bitsy Spider« *(Joey DeLuxe)* • »Tarantula« *(Jack Arnold)*	• Angst vor Schnaken • Angst vor Schneidern • Angst vor Fliegen • Angst vor Wespen • Angst vor Mücken • Angst vor Käfern

LISTE DER ÄNGSTE, DIE SCHON ANGST HATTEN, VERGESSEN ZU WERDEN

Angst	Fachausdruck	Symptome	Typische Opfer*
Fremdwortangst	Xenologophobie	Leserbriefe; Kahlköpfigkeit; Brille	Deutschlehrer; RTL-II-Primaten; Bildungsminister
Angst vor Behinderten	Mongophobie	Diffuses Schuldgefühl; Aktion Sorgenkind; Waldorfschulen; Kontaktstörung; Beißhemmung	Sportlehrer; Frauen und andere Betroffene; Sicherheitspersonal; Masseure; Zugbegleiter; Sozialminister
Angst vor Unordnung	Chaotophobie	Wasch- und Putzzwang (besonders vor Putzfrauen- und Elternbesuch); rechte Winkel; Ungemütlichkeit	Lateinlehrer; Buchhalter; Wirtschaftsprüfer; holländische Trainer; Innenminister
Angst vorm bösen Wolf	Malolupophobie	Geißlein im Schrank; Diskant; Feuer; Lärm; feste Behausungen; Schießgewehr	Grundschullehrerin; Brüder Grimm; Jäger; Hunde; Hirten; Landwirtschaftsminister
Angst vor Wasser	Hydrophobie	Sodamax; Schwimmring; Regenschirm; Körpergeruch; Brücken; Schiffe	Musiklehrerin; Jesus; di Caprio und Winslet; Pyromanen; Biergärtner; Verkehrsminister
Angst vor Stille	Silentiophobie	Clubs; Subwoofer; Straßenmusiker; Dauerberieselung; Laubbläser; Biker; Nachbarn	Alle Lehrer; Rocker; Tänzer; Segler; Verteidigungsminister

Angst	Fachausdruck	Symptome	Typische Opfer*
Bindungsangst	Relatiophobie	Unfreundlichkeit; Hotel Mama; Turnbeutelaroma; kein Rückruf	Chemielehrer; Skiläufer; Männer; Familienministerin
Angst vor Ansteckung	Monkophobie	Mundschutz; Sagrotan; Handschuhe; WC-Ente als einziges Haustier; Kondom	Religionslehrer; Computernutzer; Gesundheitsministerin
Angst vor Verfolgung	Paranoia	Rückspiegel; Bewegungsmelder; Doppelschlösser	Schulleiter; Rennfahrer; Ausbrecher; Innenminister
Angst vorm Aufstehen	Aurorophobie oder Protestophobie	Plumeau; Rolläden; Rollstuhl; Oropax; Polygamie; Spätdienst	Schüler; Studenten; Bestatter; Pontius Pilatus; Innenminister
Angst vor leeren Plätzen	Agoraphobie	Immer-an-der-Wand-lang; Freikarten; Freibier; Köln	Hochschullehrer; Schauspieler; Veranstalter; Raver; Kultusminister
Angst vor Gleichgesinnten	Homophobie	Inteligenz unt Bihldung	Turnlehrer; Fußballer; Handwerker; Bauarbeiter; Trainer; Soldaten; Idioten; Familienministerin
Angst vor Haarausfall	Phalacrophobie	Mützen; Perücken; Gummikamm; Spezialshampoo (z. B. *Antifa*)	Lateinlehrer; Männer ab 40; bulgarische Nationalspieler; Friseure; Frauen; Klempner; Minister für Reaktorsicherheit

* Mütter sind aus Platzgründen nicht eigens aufgeführt.

LISTE DER ÄNGSTE, DIE TATSÄCHLICH VOLLKOMMEN VERGESSEN WURDEN

– Angst vor spitzen oder scharfen Gegenständen *(Aichmophobie)*
– Kastrationsangst *(Suffragophobie)*
– Angst vor Ordnung *(Teutonophobie)*
– Angst des Torwarts beim Elfmeter *(Handkophobie)*
– Angst des Schützen beim Elfmeter *(Anglosaxophobie)*
– Angst vor Menschen *(Anthropophobie)*
– Angst vor Virginia Woolf
– Angst, dass Erdnussbutter am Gaumen kleben bleibt
  (Arachibutyrophobie)
– Omas ewige Angst vor Zugluft
– Angst vor Großmüttern *(Babuschkaphobie)*
– Angst vor Teenagern *(Ephebiphobie)*
– Angst vor Clowns *(Coulrophobie)*
– Angst vor dem Schwarzen Mann *(Batmanophobie)*
– Angst vor dem Papst *(Pontifecophobie)*
– Angst, sich zu verzählen *(Diskalkulophobie)*
– Angst vor Gegenständen, die sich an der rechten Körperhälfte
  befinden *(Dextrophobie; tritt nur bei Männern auf)*
– Angst vor Schlaf *(Hypnophobie)*
– Angst vor hohen Geschwindigkeiten *(Tachophobie)*
– Angst vor Knallgeräuschen *(Ligyrophobie)*
– Angst vor einem Kinn *(Geniophobie)*
– Angst vor der Schule *(Didaskaleinophobie)*
– Angst, die Augen zu öffnen *(Optophobie)*
– Angst, sich hinzusetzen *(Katysophobie)*

– Angst, sich zu bücken *(Kyphophobie)*
– Angst vorm Kochen *(Mageirocophobie)*
– Angst vor Gerüchen *(Osmophobie)*
– Angst vor Arschlöchern *(Bohlophobie)*
– Angst vor Sex *(Poppophobie)*
– Angst vor guten Nachrichten *(Euphobie)*
– Angst vor langen Wörtern *(Sesquipedalophobie)*
– Angst vor griechischen Ausdrücken *(Hellenologophobie)*

UND ZUM SCHLUSS:
EIN VORBILD FÜR UNS ALLE*

Der Privatdetektiv Adrian Monk hat Angst vor:

- Höhen *(Akrophobie)*
- Lärm *(Acousticophobie)*
- Enge *(Klaustrophobie)*
- Dunkelheit *(Achluophobie)*
- Berührungen *(Agaraphobie)*
- Bakterien *(Bacteriophobie)*
- nackten Menschen *(Gymnophobie)*
- Menschenmassen *(Demophobie)*
- Tieren *(Tierphobie)*
- Milch *(Galactophobie)*
- Nadeln *(Belonophobie)*
- Feuer *(Pyrophobie)*
- Zahnärzten *(Dentistophobie)*
- asymmetrischen Dingen *(Asymmetriophobie)*
- dem Fliegen *(Aviophobie)*
- Schleim *(Blennophobie)*
- sich vor jemandem auszuziehen *(Dishabiliophobie)*
- Geburt eines Kindes *(Maieusiophobie, Parturiphobie)*
- Flusen im Wäschetrockner *(Wollomusophobie)*
- hochgelegenen weiten Plätzen *(Aeroacrophobie)*
- Staub *(Amathophobie)*
- Gletschern *(Glacikophobie)*

* Quelle: Wikipedia-Artikel »Monk«; Stand: 14. 8. 2011.

Gutes Buch gewesen? Weiterempfehlen? Mehr davon?
www.carlsenhumor.de

Der Ruhrgebiets-Rocker unter den Poetry-Slammern

Torsten Sträter
Der David ist dem Goliath sein Tod

Klappenbroschur
14,5 x 21,5 cm, 192 Seiten
ISBN 978-3-551-68258-1

€ (D) 12,90

Torsten Sträter kann auch sehr sanft sein. Will er aber nicht. Seine Geschichten sind so idyllisch wie der Ruhrschnellweg.
Grandiose Kurzgeschichten mitten aus dem Leben – zum Beispiel über Oma-Christels verhassten Köter Struppi, über den Kleinkrieg mit einem türkischen Hotelmanager und über den Versuch, einen Liebesbrief zu schreiben.

„Komisch, schräg, bissig"

DIE ZEIT

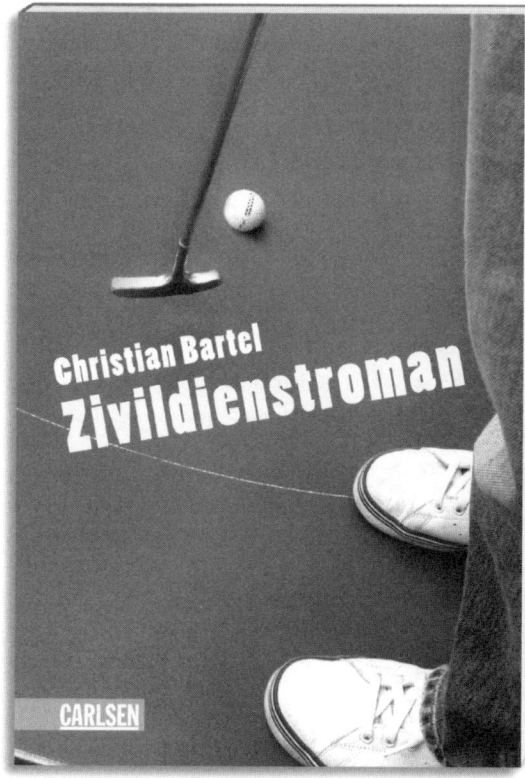

Christian Bartel
Zivildienstroman

Klappenbroschur
14,5 x 21,5 cm, 224 Seiten
ISBN 978-3-551-68182-9

€ (D) 14,90

Der beste Freund heißt »Tante Matthes«, die Vermieterin Oma Wittrich hält den Helden für ihren verschollenen Sohn und seinen Zivildienst absolviert er in einer WG für geistig behinderte Erwachsene.
Christian Bartel erzählt mit grandioser Komik und zugleich voller Liebe von den WG-Bewohnern – zum Beispiel dem Künstler »Käpt'n Horsti« oder dem großen Schweiger Günther, der zum Schälen einer Zwiebel acht Stunden braucht.

www.carlsen.de  www.carlsenhumor.de

Cartoons für die Facebook-Generation

Ralph Ruthe
Gefällt mir

Broschur
14,5 x 21,5 cm, 128 Seiten
ISBN 978-3-551-68260-4

€ (D) 9,95

Kein offenes Wlan in der Nähe? Zugangsdaten vergessen? Macht nichts: Ralph Ruthes Cartoonbuch bietet Facebook-Feeling – ohne Ladefehler und schwachen Akku.
Gibt's übrigens auch als **(e)book** mit zusätzlichen Features wie Filmen und Audiokommentaren des Autors.